The Japan Society for Child Study Selection

日本子ども社会学会セレクション

倉本英彦

思春期のメンタルヘルス

北大路書房

もくじ

1章 最近の子どもの変化

1節 いま思春期の子どものこころに何が起こっているか

1 はじめに

この原稿を準備している最中に、大分県の高校1年生が近所の一家六人を刺傷し、そのうち三人を惨殺したというニュースが舞い込んだ。このところ立て続けに起きている少年の凶悪犯罪報道の過熱ぶりにはいささかうんざりしていたが、さすがにこの事件には一市民として戦慄を覚えた。

と同時に思い出したのが、一九九六年十二月にペルー日本大使公邸が反政府組織に占拠された事件で、当時の青木大使がたしか「若いのが一番怖い、何をやるかわからない」と電話インタビューに答えていた点である。

政治、宗教、恋などあらゆる領域において、若さが過激を好むことは古今東西の真理である。青春期とは理性が激情に翻弄される時期といえる。

さっそく、この少年の事件について、面接中に何人かのクライエントに意見を求めてみたが、ほとんどが「気持ちはわかる面もあるがあそこまでやるのは信じられない」というごくまっとうなものであった。が、中には事件報道に触発されたかのように、「一瞬だけど人を殺しているイメージがわいた」と物騒なことを述べた若者もいた。

思春期青年期の精神科臨床を生業としている筆者にとっては、最近の情勢を手をこまねいて見ているほど冷淡にはなれないし、かといって一精神科医に何ができるのだろうかと無力感にもおそわれる。

厚生労働省は、少年の重大犯罪が相次いで起きていることをふまえて、思春期のこころの問題を抱える少年とその家族を支えるネットワークづくりに取り組む方針を打ち出したという。民間の第一線で日々悪戦苦闘している者からすれば、遅きに失した感は否めないが、今後官民を上げて真剣にこの問題に取り組んでいかなければ、わが国の将来はまったく暗いものになるだろう。

いったい、いまの子どもたちは何を考えているのだろう？

おとなからみればとるに足らないことを根に持ち、ささいなきっかけで「キレ」て、突如として常軌を逸した蛮行に走る。家庭では、親と面と向かってまともな話はせず、夜通しテレビゲームやパソコンとにらめっこしている。親が栄養のバランスを考えてつくったものは口にせず、コンビニで買ったスナック菓子などをろくに噛みもせず食べ、ごみは散らかしっぱなしにしている。家事の手伝いなどは一切せず、学校の宿題もほとんど親にやらせて平気でいる。日常の生活態度を注意すると、「うるせえ、あっち行け！」「ムカツクんだよ！」「てめえのせいでこうなったんだ！」などとあらん限りの罵倒をして、親をだまらせるか、さもなくば親に「逆ギレ」させる。あきらかに悪いことをやっていても、あくまでしらを切りけっして反省の色はみせない。と、あげればきりがないほど、いまの子どもたちの「こころ」は荒んでいるようにみえる。

が、はたしてそれらがいまの子どもたちの実像だろうか？　子どもの「こころ」とは何だろうか？　子どもの「こころ」は昔と比べて変わったのだろうか？　だとしたら、どんな風に？　おとなに打つ手はないのか？　などと、さまざまな疑問がわき起こってくる。

2　おとなは子どもを理解しているのか

筆者は相談に訪れた親に対して、まず「どんなことで来られたんですか？」と単刀直入にきいている。すると、たいがいの親は子どもの悪い点を速射砲のようにしゃべり出す。

もちろん、そういう点を「治す」ためにどうしたらいいかアドバイスを受けるために来ているわけだから当然なのだが、筆者はあまりの悪口に食傷気味になり、いらいらした風に「それじゃ、お子さんのいい点を三つでいいからあげてください」と口走ることがある。

この誘導質問に親が自信をもって答えられるかどうかで、子どもへの肯定的な見方や暖かい関わりの有無を知ることができる。それに親がまったく答えられないとすると、暗澹たる気持ちで「親やめますか？」といいたくなるが、そこはぐっとこらえて「よっぽどお子さんのことでつらい思いをされているんですね」と浪花節路線に切り換えることにしている。

また、「お子さんは何を考えているんでしょう?」ときくと、驚くことにほとんどの親が「わからない」と答える。さらに、「子どもと親ではどちらが相手をよく見ているでしょうか?」とたたみかけると、もう親はウーンと考えこんで沈黙してしまう。

ここで、筆者はけっして子どものことで困っている親をもっと困らせようとしているわけではない。親に根本的な問いを投げかけながら、子どもへの接し方の大事なポイントに気づいてもらおうとチャレンジしているのである。

たいがいおとなは、かつて子どもであったことを忘れている。子どもからすると、そんなおとなは忘れっぽく、鈍く、尊大で、融通がきかない存在であろう。だから、おとなに「あなたはどういう子どもでしたか?」と尋ねて往事を回顧してもらうことは子どもの目線に近づく第一歩になる。

そして、「もしあなたがお子さんと同じ立場だったらどうしていたでしょう?」という思考実験をしてもらうことは第二歩になり得る。

おとなが子どもの次元にまで降りて、「子どもの目」からの発想[☆1]ができるようになれば、子どもに対してもっとゆとりと共感をもって接することができるのではないだろうか。

さて、ここで、ある調査研究のデータを紹介しよう。

筆者は、いじめについての母子認知の差を調べるために、公立中学生二六一人とその母親を調査[☆2]した。母親の認知については、いじめ・いじめられとも特異度(子どもがいじめ無しとしたのを母親も無しとした率)は充分に高かったが、敏感度(子どもがいじめ有りとしたのを母親も有りとした率)

はいじめ11・7％、いじめられ33・7％と低く、とくに自分の子が他の子をいじめることを母親が見落としがちな傾向がみられた。

また、筆者らは子どもの情緒や行動の問題を包括的に把握するための国際的な質問紙の日本語版を作成しているが、そのうち親子の認知の差が明らかな主な項目をひろってみよう。公立の小学5年生から中学3年生二七三三人とその親（ほとんどが母親）への調査である。[☆3] まず自殺念慮について。「私は自殺しようと思ったことがある」と答えた本人が17・6％あったのに対して、「（子どもが）自殺することについて話す」と答えた親はわずか1・6％にすぎず、敏感度は8・7％とかなり低かった。次に自傷行為・自殺企図について。「わざと自分を傷つけたり死のうとする」としたのが本人11・9％、親1・1％で、敏感度は9・6％とやはり低かった。その次に暴力について。「人に暴力をふるう」としたのが本人30・4％、親5・7％で、敏感度は18・8％であった。また登校恐怖感情について。「学校に行くのが怖い」としたのが本人9・9％、親2・4％で、敏感度は24・5％であった。さらに友達との親密さについて。「他の子と仲よくできない」としたのが本人16・3％、親5・9％で、敏感度は36・0％であった。これらの結果から、親は思春期の子どもの「こころ」について、とくに自殺念慮や自傷行為・自殺企図などの深刻なものほど、子どもの苦しい胸のうちをほとんど把握していないといえる。

筆者のみるところ、いまのわが国ほど思春期の子どもと親のコミュニケーションが乏しい国は他にないのではなかろうか。が、もしかすると、親は「子どものことがわからない」とする一方、子どもは「親に言ってもどうせわかってもらえない」とすることで、もし本当にわかってしまった場合にお互いが受ける壊滅的な心理的打撃をうまく避けてうわべだけの共存をはかっているのかもしれない。もっとうがった見方をすると、いわゆる「裏と表」「本音と建前」「内と外」といったわが国に特徴的とされる対人関係や組織のあり方は、思春期頃からその技術習得の萌芽がみられるようになるのかもしれない。

3　子どもをみる五つの視点

子どもは社会の鏡であるとよくいわれる。それだけ子どもはまわりの影響を受けやすいということであるが、それを科学的に実証するのは簡単なことではない。

ラターとスミスは[☆4]、第二次世界大戦後の西欧における青少年の心理社会的障害の時期的趨勢についての諸要因を分析した。それらの分析項目をあげると、生活水準、身体的健康、年代別人口構成、雇用構造、都市化、教育、失業、貧困と所得分布、移住、家族機能、青年期の変遷、ストレス、マスメディア、倫理観と価値観、可能性の増大などである。これらの観点からわが国の青少年と比較検討することが期待されるが、今後、マクロな社会経済文化現象とミクロな臨床的事実を架橋する実証的な研究がますます重要になるものと思われる。

思春期の問題行動の背景要因を考える際には、本人、家族、友人、学校、社会の五つの領域を公平に評価すべきであろう[☆5]。たとえば、不登校の形成過程をみると、それらの諸要因がからみダイナミックなプロセスを経て発現していることがわかる。それは洋の東西によっても異なり[☆6]、わが国の不登校は、友人、学校（教育）や社会の圧迫が米国に比べて高いのが特徴的である。すなわち、本人の問題や家族の圧迫はもとより、いじめ、学級崩壊、校内暴力、画一的管理教育、受験戦争、世間の「まなざし」、マスメディア、社会病理などの複雑な外的要因を考えないとうまく説明できない。さて、ここでわかりやすくするために、事例をひとつだけあげておこう。☆5

もともと勝ち気、活発、わがまま、強情な性格で友達づきあいが下手だった。中2の九月に友達五人のグループで塾の先生と旅行に出かける予定だったが、他の四人が都合で急に来れなくなり、一人で先生と出かけた。それがクラスで話題になりその頃から登校できなくなった。十月にその塾をやめたが、その先生とは翌年の二月に肉体関係ができ、それを親しい友達にうち明けたところ、またクラスのうわさになってしまった。

学校に行くまでに「勇気がいる、緊張する」といい、吐き気や頭痛を訴えたが、「学校に行かなくっちゃ、このままじゃいけない」と自分にいいきかせて、何か口実をつけては登校しようとした。しかし、登校は不規則で、家でイライラした時など母親に物を投げつけたりした。その一方で、「寂しい、いっしょにいて」と母親にべったりし、体に触れたがった。学校の先生のことは嫌って、「先生が替われば学校へ行ってもいい」などといった。中3の一月には、教頭先生から「学校を休まないと書いたものを持ってこい」といわれて反発した。そのまま同じ高校へ進学した方がいいかどうかの迷いや家を出たい気持ちの整理がつかないまま、三月下旬に友達と二人だけの卒業式を行い進学した。しかし、授業についての不満や友達との衝突がたえず、五月からはほとんど登校できなくなり、結局、翌年の三月に通信制の私立高校を受けることにして退学した。転校後も異性との無軌道な関係が目立ち、複数の男性とつきあい、無断外泊することもある。三度妊娠してその度に中絶した。親の束縛を嫌い、「家を出て『お水』関係の職につきたい」と漏らしているが、最近乳ガンを患い気弱になった母親はどうしてもそういうことを受け入れられず、子どもを手放したい気持ちにかられるという。

この事例について本人の性格と親の養育態度だけが原因とみなすと本質的な点をかなり見失うことになる。友達の陰湿ないじめ、塾の先生の「淫行」、学校側の指導対応のまずさ、システムとしての高校教育の欠点、若者の非行的サブカルチャー、性風俗と性の商品化、倫理観や規範意識の希薄さなどの現代的諸問題の影響を無視できない。なお、彼女は希望どおり水商売につき、いまは落ち着いて生活している。

ある教職員研修会でこの話をしたところ、中年の女性教諭が「結局この子は更生しなかったじゃないですか」と語気強く発言したが、その「更生」ということばに筆者は一瞬衝撃を受け、複雑な思いにとらわれて何も言い返すことができなかったことを覚えている。

いったい誰が、何が、彼女の「こころ」の拠り所となり得たのだろうか？　いろいろと彼女の「こころ」の奥底をのぞいてみたい気もするが、彼女が自分なりに生きる道を見出せたとするなら、これからもそっと見守ってあげようと思う。

4　子どもの「こころ」は変わったか

この頃は「こころ」ブームである。が、「こころって何?」ときくとふつうおとなはまともに答えられない。子どもだけが何のてらいもなく、素朴に、ある時は残酷に、すっと反応できる。子どもは言語化が苦手だが、ナイーブな直観の鋭さには天賦の才がある。ただ、子どもの「こころ」の世界を生き生きと描写するには、すぐれた児童文学やコクトー[☆7]のような詩人の感性を持たなければならないが。

「こころ」はギリシアの昔から「からだ」の一部と考えられていたが、十七世紀にデカルトが心身二元論を唱えて以来、「からだ」とは独立の存在とされるようになった。その心身問題を乗り越えるべく近代科学は人間機械論に代表されるような唯物論的一元論を展開した。近年の脳科学の進歩は、ますます「こころ」が「からだ」の物理的生理的過程に伴う現象という見方を強めているが、他方で「いのち」や環境倫理などの生態学的立場から「こころ」が復権されているのが最近の傾向であろう。

敗戦後のわが国の「もの」の急速な発展は、子どもの「こころ」に大きな影響を及ぼした。おとなが「もの」の豊かさだけをしゃにむに追い求めた結果、子どもの「こころ」が貧しくなり、「いのち」が疎外されるようになった。無防備で無垢な存在がいつも犠牲になる。

たとえば、摂食障害がそのいい例である。思春期の女子がダイエットを始めて、拒食からそのうち過食に転じることが多いのだが、彼女らの「からだ」はまさしく「もの」化しており、「こころ」が入り込む余地はなく、「いのち」は食べ吐きや手首自傷などとともにどこかに追いやられてしまう。

その背景には、商業資本が仕掛けたやせた体つきを理想とする美の基準と、食物が容易に手に入るコンビニなどの物質的環境の存在が大きい。
また、いわゆる「おたく」やひきこもりの増加は、テレビ、ビデオ、テレビゲームやインターネットなどにより大量の情報と娯楽を居ながらにして享受できるという生活環境の変化と関連している。
さらに、歪曲された性や暴力などの映像が、実体験に乏しく物事への批判力がまだ充分でない思春期の子どもに、無造作に大量に流されているのは問題である。仮想現実を真の現実と勘違いし、強い自己顕示欲を持ち、まわりへの恨みを抱く一群は、人の「いのち」をないがしろにするリスクを背負う。

わけても筆者が危惧しているのは、共同体が徐々に崩壊に向かっているようにみえることである。共同体に必要な連帯や相互扶助、相互規制は、家庭、学校、職場、地域社会どこでも減弱している。唯一絶対神を持たないわが国において共同体を維持していた規範意識[☆8]は世間体であった。いじめや校内暴力の一件あたりの人数が減り、問題行動が個別化へ向かっている事実は、群れ、つまり同年代の共同体をつくれない子どもが増えてきたことを意味する。世間という基準を失った子どもたちには逸脱という意識も希薄である。

紀元前十三世紀、モーセはエジプトを脱出したヘブル人たちを率いる過程で十戒をつくった。そのうち共同体成員間の関係についての一番目の掟は、「あなたは人を殺してはならない」という証明不要の公理のようなものであった。何年か前に「なぜ人を殺してはいけないのか?」という議論が一時マスコミで沸騰したことがあるが、それこそまさに共同体の崩壊の兆しといえないだろうか。

ゲーテが生涯をかけた戯曲「ファウスト」において、悪魔メフィストにそのかされたファウストは少女グレートヘンに恋をし、悲劇へといたらしてしまう。グレートヘンは母や兄を死なせ、ファウストとの子どもまで水に投じてしまい、死罪となるが、それでもけっして神への信仰は捨てず、その純潔な「たましい」は最終的に赦される。ファウストをおとなたち、メフィストを先進資本主義社会における「もの」と俗悪な情報の氾濫、グレートヘンを子どもたちになぞらえるとわかりやすいが、現代の子どもたちに彼女のような「たましい」が残されているかどうか、ひたすら祈るのみである。☆9

（初出「児童心理」より）

2節　夫婦間の暴力は子どもに何をもたらすか

1　あるケースのこと

二十歳のご長男のことで、おしゃれなご夫婦から相談を受けた。仮にA君としよう。きけば、A君は高校を中退して少し仕事についていたが、半年前にやめ、家でブラブラしている。時々ガールフレンドを家に呼び、大喧嘩しては、大声でどなり、殴ったり蹴ったりするという。その形相が凄まじいので、最近の少年の凶悪犯罪の報道を見聞きするにつれ、息子もそうなるんじゃないかと怖くなったらしい。

もっときくと、A君は、ガールフレンドから何か注意されたり、正論で追及されたりすると、我慢しきれずに「キレて」手が出てしまうという。が、もともとは優しい子で、家の外では「素直でいい子」といわれているらしい。

さらにきくと、A君が幼い頃から、父親が母親のことを子どもの目の前でよく殴っていたという。また、父親は、「子どもの悪いところは親の権力で直すべき」という教育方針から、よくA君に体罰を加えていた。しかし、中2頃からA君が非行に走りそうになったので、子どもの気持ちを考えてもう殴るのはよそうと決断した。

そして、母親は、結婚して数年間は夫の暴力に耐えていたが、夫が機嫌がいい時に、「暴力はよくないのよ」と諭していたという。妻は、仏頂面をしている脇の夫に向かって、「あの子がガールフレンドに暴力をふるう時の言いぐさはあなたとまったく同じよ。前の奥さんにだって殴ったり蹴ったりしていたでしょ」ときつくいい放つ。それに対して、夫は、「おまえのそういう物の言い方がいやなんだ。もっとおとなしく言えよ」と真っ赤になって反論する。面接場面でなければ、夫による妻への殴打が始まっていたことだろう。

私は、このご夫婦のどちらにも肩入れすることなく、にやにやしながら黙ってきいていたが、ひとしきりやりとりが終わった後で、次のような解釈と提案をしてみた。

「息子さんのガールフレンドへの暴力は、お父さんのお母さんへの暴力をまねしたものかもしれません。歴史は繰り返すというやつでしょう。どちらがいい悪いと決めつけるつもりはありませんが、今後は、お父さんは、決して息子さんの目の前でお母さんを殴らないでください。お母さんは、決してお父さんを口でやりこめないでください」

2　夫婦間の暴力とは

暴力とは、辞書を引いても、「乱暴な力。無法な力」（広辞苑第四版、岩波書店）と説明されているだけで、よく考えると定義がむずかしいことばである。夫婦間の暴力についていえば、狭くとると、夫が妻に（あるいは妻が夫に）加える非偶発的な身体的暴力行為をさすのだろうが、広くとると、性的暴力、ことばによる心理的暴力や、夫婦としての役割・責任の怠慢や拒否も含まれるように思う。[☆10]これは虐待とかなり共通する現象であるが、虐待は「むごく取り扱うこと。残酷な待遇」（広辞苑）と、行為自体の無慈悲さや、行為者の問題性がより強調されている印象がある。

さて、A君の父母間の暴力をどうとらえたらいいだろうか。夫が妻にふるった暴力は疑いようのない事実であり、それによって妻がマゾヒズム的な性的興奮と満足を得たとは、少なくとも意識的なレベルでは考えづらい。したがって、夫による妻への虐待があったとみなせるだろう。が、夫とのやりとりの過程で、繰り返し夫の暴力を引き出してしまう妻のことばが心理的暴力といえるかどうか、検討を要するところである。それは、夫の側の易刺激性や批判耐性の乏しさなどについて、妻がどこまで適切に理解していたかによる。つまり、夫にここまでいったらキレる、ということをちゃんと知りながらきついことばを投げ続けていたとしたら、それは単なる反撃や防御以上のものであろう。

ところで、今日、「夫の暴力」に対する社会的対策の必要性が叫ばれている。[☆11]東京都が一九九六年の夏に実施した女性への暴力についての調査によれば、夫や恋人に身体的暴力を受けたという回答が15%、ののしるなど言葉の暴力が22・1%あった。それらの暴力を受けた女性が一時的に避難するシェルターも少しずつ増えているという。米国にはまだ及ばないとしても、今後は、そうしたシェルターでの調査などから、わが国の夫婦間暴力の実態が明らかになっていくであろう。

3　夫婦間暴力を目撃した子ども

わが国において夫婦間暴力が子どもに与える影響に関して信頼できるデータがあるかどうか、寡聞にして知らない。したがって、この方面の研究が進んでいる欧米の知見を紹介しなければならない。文化的背景や夫婦・家族のあり方が異なる社会での情報をそのまま鵜呑みにするわけにはいかないが、何らかの参考にはなるだろう。

ロバートソンとブッシュは、「子どもの目の前でなく―夫婦間暴力と子どもへの影響」という総説の中で、次のようなことを述べている[☆12]（重要な部分を抜粋する）。

子どもは何をみるか？

大多数の夫婦間暴力は子どもの目の前で行なわれる。

たとえば、夫婦間暴力の41％から68％は子どもから目撃されている。また、虐待された女性の子どもの80％から90％が、母が暴行されているところやその直後の様子を目撃していた、という報告がある。

ニュージーランドでの被害女性への調査では、子どもの79％は暴行発生時に家にいて、73％は暴行現場を目撃した。そのうち、34％は「殴る」、13％は「蹴る」、10％は「物をぶつける・投げる」、7％は「押す・突く」、1％は「性的暴行」であった。

カナダでの報告によると、二十人中九人の女性が、子どものことで暴力をふるわれたという。すなわち、妊娠中、ダメな母親と思われた、子どもをおとなしくさせておけなかった、虐待者が関心を向けて欲しい時に彼女が子どもに時間をかけていた、などの理由で。

時には、虐待者が子どもに母親への虐待を見させようとすることがある。

どの程度まで子どもは直接虐待されるか?

夫婦間暴力と子ども虐待には密接な関連がある。それは次の二つの方法で確かめられた。ひとつは、子ども虐待において夫婦間暴力を調べた調査である。米国の病院調査では、被虐待児の母親の45%から60%は暴行された経験があった。妻を虐待する夫は典型的な子ども虐待者であるといわれている。

もうひとつは、虐待された女性の研究である。米国の調査では、夫に虐待された千人の女性の70%が、その子どもも虐待を受けたという。

母親の避難所での調査では、85%の事例で子どもを虐待したのは父親だったが、祖父、叔父、兄弟などの親族も多かった。特にことばによる虐待の場合は、母親が虐待することもあった。

また、夫婦間暴力の現場に子どもがいた事例の15%で子どもが暴力を止めようとした、という報告もある。

子どもにはどんな影響があるか？

まず、夫婦間暴力を目撃した直接の反応について。

圧倒的な反応は自分自身と母親に関する恐怖である。母親の命を案じたり、暴力を引き起こしてしまったと自分を責める。隠れたり、暴力を止めようともする。年長の子どもは幼いきょうだいの面倒をみようとする。家出する子もいる。自殺しようとする子もいる。

次に、暴力に長期的にさらされた衝撃について。

夫婦間暴力にさらされた子どもは、そうでない子どもに比べて、苦悩、不安、自尊感情の低さ、社会的能力の低さ、内向きの問題（しがみつき、孤独感、愛されていないという感情、寂しさ、嫉妬深さ、心配など）や外向きの問題（いうことをきかない、うそをつく、だます、物を壊す、凶暴性やケンカなど）において、有意に高いレベルであった。また、腹痛、下痢、喘息、夜尿、悪夢などの身体症状の頻度も多かった。いろいろな研究をまとめると、夫婦間暴力を目撃した子どもの四分の三は臨床的に有意な症状を示す、という。

夫婦間暴力を目撃しただけの子どもは、暴力がない家庭の子どもよりも、直接的に虐待された子どもに似ている、という報告もある。

その次に、夫婦間暴力を目撃したことの長期的な影響、つまり世代間伝達について。

子どもが将来、夫婦間暴力の虐待者あるいは犠牲者になる危険因子を調べた研究がある。十六の研究のうち十四において、男性にとって、子どもの時夫婦間暴力を目撃することは、アルコール乱用などの他の因子よりも、おとなになって妻を虐待することと強い相関があった。女性では、その相関はもっと強かった。

ところで、年齢、性別、支援などにより影響は異なる。幼児は、健康不良、睡眠障害や泣き叫びになりやすい。就学前の子どもは、恐怖や怒りっぽい行動を示し、隠れたり、ふるえたり、どもったりしやすい。より年長や思春期の子どもは、家での生活を用心深く隠したがり、問題解決の主な手段に攻撃を用い、他人に罪をきせたり、高いレベルの不安を示す。

また、性差は顕著である。男性はより崩壊的、攻撃的で、かんしゃくをおこしやすい一方、女性はよりひきこもりがち、受動的でしがみつきやすく、依存的な行動を呈し、男性を信用しない。

さらに、暴力に対する周囲の反応によっても影響が異なる。たとえば、虐待者と離れると、子どもが呈する問題は減少する。また、子どもに対する適切な支援サービスによっても差が生じてくる。

4　子どもの復元力を信じて[☆2]

ところで、虐待やいじめなどの対人的外傷体験と子どもの精神障害や問題行動との直線的な因果関係を立証することは、実際にはむずかしい事が多い[☆13]。最近、マスメディアを通じて、「虐待」「アダルト・チルドレン」「多重人格」などに感作されたかのように、自分の記憶を改変したり、別の意識状態に容易に移行したり、迫害的なファンタジーを創作してしまう人に出くわすことがある。特に子どもは被暗示性が高いので、臨床的判断は慎重に下すべきである。
また、当然のことながら、心に傷を受けた子どもがすべておかしくなるわけではない。[☆14] 子どもには復元力があり、いろいろ有利な条件がそろえば、人生をプラスに転換できる可能性がある。先のA君のひきこもり、恋人への爆発的暴力などの問題点にしても、周囲の適切な対応によって徐々に改善していき、以前よりも高い視点から人生に取り組めるようになったことを記して、しめくくりとしたい。[☆15]

（初出 「児童心理」 より）

3節　子どもの自殺をめぐって

1　子どもとは

「子どもの自殺」といっても、いったい何をさしているのか、すぐにはピンとこないかもしれない。そもそも、子どもとは何であろうか？

ひとつは、おとな（成人）の対概念としての子どもである。誕生してから成人に達するまでの乳幼児、児童、少年などを総じていう。法律的には、まず児童福祉法では、児童とは満十八歳に満たない者をいい、乳児（満一歳に満たない者）、幼児（満一歳から小学校就学の始期に達するまでの者）と少年（小学校始期から満十八歳に満たない者）に分ける。神奈川県青少年保護育成条例では、青少年とは小学校就学の始期から満十八歳に達するまでの者をいう。また、少年法では二十歳未満の者を少年とし、犯罪少年を年長少年（十八歳、十九歳）、中間少年（十六歳、十七歳）、年少少年（十四歳、十五歳）に分け、それぞれ処分の仕方を違えている。さらに、選挙権獲得の年齢をみると、世界の大多数の国では十八歳である。つまり、だいたいは十八歳になったら成人なのである。

もうひとつは、親の対概念としての子どもである。この場合は、年齢よりも、家族や組織の中の役割や位置づけ、すなわち家族や組織の経営形態や世襲の問題と不可分の関係にある。したがって、子どもが親より早く死んだり、しかも自ら死を決行することなどは、決してあってはならないことなのである。

いずれにしても、おとなと子どもの間は、独立―依存、成熟―未熟、支配―服従などの関係性を前提として成立している。

アリエス[☆16]は、子どもおよび子ども時代は、ヨーロッパ十七世紀の「まなざし」によって発見されたとする。それ以前は、子どもおよび子ども時代は存在せず、小さな人々はすみやかにおとなの共同体の中に組み込まれていったという。歴史的にみれば、子ども時代の年齢はまだ数百歳にすぎないのである。

わが国では、近世中期から末期にかけて、子どもへの「まなざし」の変化が見られはじめ、明治以降の西欧文化の導入とともに、学校教育制度への囲い込みが行なわれた。また、世代的には七歳から十五歳までを子どもとする習俗的な伝統があったとされる。これは、だいたい今の義務教育年齢、つまり学齢期に相当する。ただし、学校教育法では、満六歳から十二歳までの小学生を学齢児童といい、それ以降の中学生・高校生は生徒、大学生は学生と呼んでいる。

こうしてみると、子どもとは相対的な概念であり、その時代や地域の特性によって定義は変わり得るのである。

臨床家としての筆者の印象からすると、子どもと呼ぶことにためらいを感じないのは幼児からせいぜい中学生までである。第二次性徴が始まった中学生からはむしろ思春期ないしは人生の春という意味で青年期と呼ぶことも多いが、この時期に対しては子どものような適切な総称がみつからないので苦労している。ここでは、特にことわらない限り、五歳から十四歳までを子どもとし、十五歳から二十四歳までを若者と呼ぶことにしよう。

2 自殺をどう見るか

自爆テロは自殺か?

この原稿を準備している時に、アメリカ中枢部をねらったイスラム原理主義過激派による凄惨なハイジャック「自爆」テロが起きた。これは太平洋戦争での日本軍による「神風」特攻隊を模した行動のように思えたが、「自殺」テロと言い換える人は少ないだろう。

二〇〇一年九月十五日付けの朝日新聞に、ガザ地区でイスラム過激派ハマスの「自爆」テロを実行した大学生（二十三歳）が同胞に残した遺書が掲載されている。

同胞たちよ。私は不帰の旅路に出ることを決めました。この、虫の羽ほどの価値もなく、影のように消えてしまう、楽しみの少ない世界に戻ることはないでしょう。私は偉大なる神が私を受け入れ、……（中略）。私は武器をとって、殉教者の道を進み、……（後略）。

絶望的な状況である現実の世界に希望を見いだせず、またコーランでは自殺が禁止されているので、神のために「殉教」すると自らの行為を合理化する姿勢が読みとれる。一説によると、禁欲的なイスラム社会の若者が天国において性愛的満足を得られるという幻想によって駆り立てられているともいう。

ただしここで、神や天皇の名を語るおとなの指導者が、純粋無垢な子どもや若者を政治的闘争の走狗として洗脳して利用したり、自己破壊傾向の強い者を選んで「自爆」テロを行なわせている可能性があることを見逃してはならない。

デュルケーム[☆17]は社会学的立場から自殺を、①自己本位的自殺、②集団本位的自殺、③アノミー的自殺に分類した。そのうち、集団本位的自殺は愛他的自殺とも呼ばれ、社会の統制が個人の自由よりも強い場合をいう。それが自発的か強制的かで多少の違いはあれ、「自爆」テロも「神風」特攻隊も集団本位的自殺の典型例とみなせるだろう。

自殺の直接動機と準備状態

自殺の原因は単純ではない。高橋[☆18]は、青少年の自殺は、環境（ストレス）、問題解決能力の低い独特の性格傾向、他者の死から受ける影響、生物学的因子、精神疾患などの複雑な原因がからみあって生じることを強調している。たとえば自殺の前にいじめがあったとしても、事例を詳細に吟味することなくそれをただちに自殺の原因とするのは、あまりにも画一的なとらえ方である。いじめは自殺の直接動機とはなり得るが、それ以前に本人に発生していた自殺の準備状態を正しく評価することが大切である。

シェイクスピアが三十歳頃に書いたとされる『ロミオとジュリエット』☆19（一五九五）は、中世のイタリア都市ヴェローナを舞台にして運命に翻弄される若い男女の愛と死を描いた有名な悲劇である。先のアリエスの論点からすればこの時代に十四歳にも満たなかったジュリエットは子どもともいえない存在だろうが、この書には現代の我々にも通じる普遍的なテーマが凝縮されている。

父親から意に添わない結婚を強要されたジュリエットは修道士に相談して劇薬をもらい、結婚式の前日にそれを飲み、一時的に死骸となって納骨堂に運ばれる。それを見て彼女が死んだと誤解したロミオは毒薬を飲み自殺する。目をさましたジュリエットはロミオの傍らで短剣で胸を突き刺して死ぬ。つまり自殺の直接動機は恋人の亡骸を眼前にしたことである。

では、自殺の準備状態はどうだったろうか？　それはいがみ合う両家の確執のもとに二人が出会ったという不運があり、ロミオは友人を殺したジュリエットのいとこに復讐して追放中の身であり、また両者とも激しく一途に思いつめやすい純真な魂の持ち主であったことがあげられる。

ジュリエットを知る前にロミオはある女性に恋いこがれ、報われない恋に苦しんでいた。その時の様子を父親が嘆く。

「……さわやかな朝露にこれでもかこれでもかとばかり涙の露を注ぎ、朝露に自分のため息から生まれる雲を加えている……。たった独りで自分の部屋に閉じこもり、窓という窓はみな閉めてしまい、輝かしい日の光を追い出して、自分だけの夜を作る……」

これは今のわが国の若者に多いひきこもりや昼夜逆転を彷彿とさせる姿だが、ロミオは自己の生きる世界の秩序と自己自身への要求水準が高いメランコリー親和型の性格で、抑うつ状態になりやすかったのかもしれない。

また、ロミオは追放を嫌って、「どうせ死ぬのなら、『追放』という言葉で殺されたくない。何かほかに、たとえば、調合された毒薬とか、鋭く研ぎすまされた短剣とか、どんな不名誉なものでも構わない、何か即座に命が絶てる手段が欲しいのです」と、死をすでに覚悟していた。

当時の家父長制のもとでは父親の命令は絶対的である。にも関わらずあるいはそのせいか、ジュリエットは父親が無理矢理決めた結婚話を「屁理屈」で断り父親を逆上させる。

「そうしていただきましたことはありがたいとは思いますが、誇らしいとは思いません。自分でも嫌いなことを、どうして誇らしいと思えましょう？　ただ、嫌いなことでも、愛情のつもりでして下さいましたのならありがたいと思います」

そして両親に見捨てられ、頼りにしていた乳母にも寝返られて、絶望と怒りにふるえながら、ジュリエットは気丈にも決意する。

「……これで、あんたとは離れ離れになってしまいました、もう本心は明かしません。さ、私はこれから神父様の所に行って、この急場をしのぐ策をおたずねしよう。もし万策つきても、私にはまだ死ぬ力だけは残っている」

3　子どもの自殺の特徴

自殺の頻度

年端も行かない小さな子どもがはたして自殺するのかという素朴な疑問がわく。五歳以下の子どもの自殺はまずなく、十歳以下の子どもの自殺もまれといわれている。が、最近の研究では、子どもは八、九歳までに自殺を完全に理解し、もっと幼くても「自分を殺す」という概念を理解しているという。

カナダでは、一九九三年から一九九七年までに、五歳から十四歳までの二二九人の子どもが自殺した。そのうち二人が十歳未満の男子で、残り二二七人は男子一五五人、女子七十二人であった。また、アメリカでも、十四歳未満の子どもの自殺既遂は少ないが、自殺未遂あるいは自殺念慮は多く、特に精神科患児においては高率である。一九九七年には、子ども（五歳―十四歳）の1％と若者（十五歳―二十四歳）の9％が自分を傷つけようとし、もっと多くの者が自傷念慮を抱いたと推定されている。

わが国ではどうだろうか？　一九九七年の人口十万人あたりの自殺率は、子ども（五歳―十四歳）が男0・4（三十四人）、女0・3（十九人）で、若者（十五歳―二十四歳）が男11・3（一〇一〇人）、女5・5（四六八人）であった。この数字は、欧米諸国の中では中位に属しており、わが国の子どもの自殺がとりたてて多いわけではない。また、二十歳未満の自殺者数の推移をみると、一九七九年、一九八六年、一九九八年に突出して多くなることはあったが、自殺者数は全体として減少している。それらのピークは、青少年の自殺があった場合に、マスメディアによるセンセーショナルな報道が引き金になって、他の多くの自殺が発生するという連鎖自殺ないしは群発自殺があることを如実に示している。

倉本ら[☆3]が作成した子どもの情緒や行動の問題を評価する国際的質問紙の日本語版により、三千人近い一般の公立小中学生を対象にして、「わざと自分を傷つけたり死のうとする」とした自傷行為ないしは自殺企図と、「自殺しようと思うことがある」とした自殺念慮を尋ねた。

まず、自傷行為ないしは自殺企図について。「ややまたはときどきあてはまる」と「よくあてはまる」とした陽性群は、小６から中２までは女子優位で増加し（中２が最多で男12・２％、女18・５％）、中３で減少し男女が同程度になった。特に「よくあてはまる」と答えた群は、中１から中２にかけて女子優位で増え、受験を控えた中３では中１程度に減り逆に男子が多くなった（図１−１）。

次に、自殺念慮について。「ややまたはときどきあてはまる」と「よくあてはまる」とした陽性群は、小５から中２までは女子優位で増加し（中２が最多で男18・８％、女30・３％）、中３で減少して男女が同程度になった。特に「よくあてはまる」と答えた群は、小６から中２にかけて女子優位で増え、中３になると、男子は横ばい、女子は小６程度に減った（図１−２）。

総じて、自傷行為・自殺企図、自殺念慮ともに、中２までは学年とと

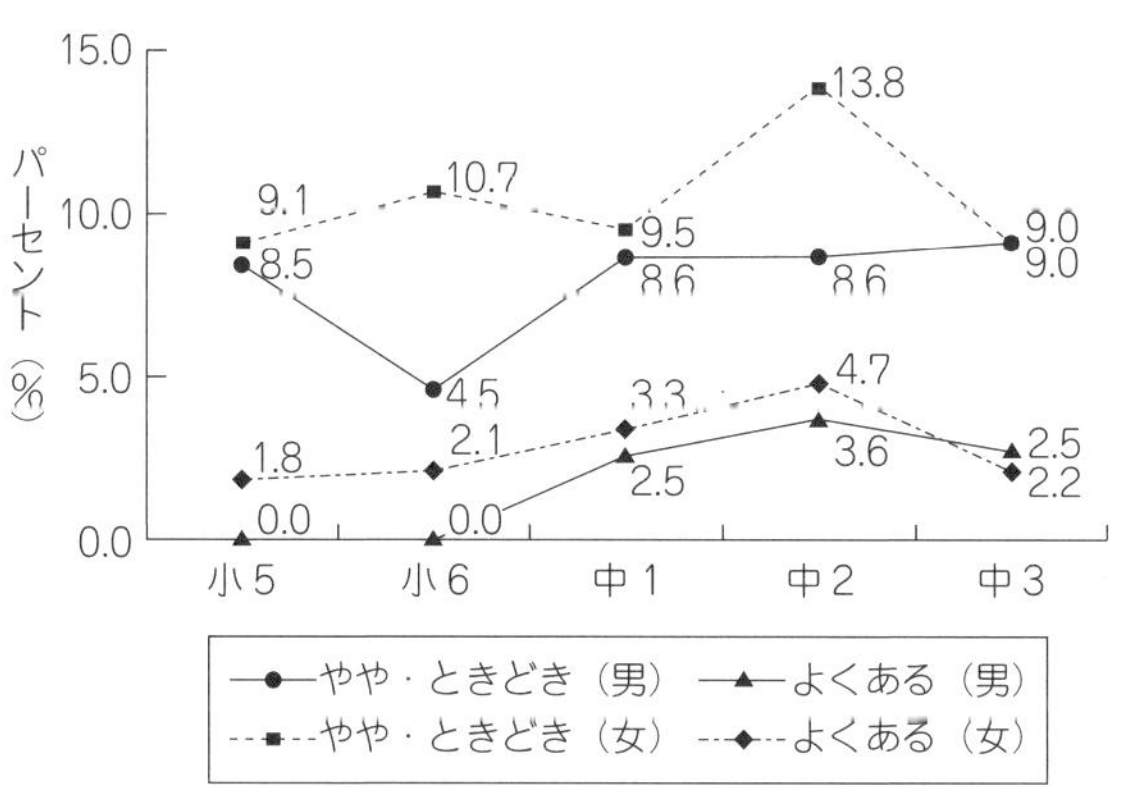

●図1–1　学年・性別の自傷行為・自殺企図

もに増加し、女子が男子より一・五〜一・六倍多く、中3では減少し男女は同程度になる。中2から中3にかけての減少の度合いは女子の方が大きかった。つまり、先にみたように、子どもの自殺既遂は男子に多いが、非致死性の自殺（自殺念慮・自傷行為・自殺企図）は女子に多いといえる。が、高校受験前の中3になると、非致死性の自殺に男女差はなくなる。

自殺の動機と危険因子

子どもの自殺はたわいのないものであるか、あるいはまわりの注意を引くためのものと考えられがちであるが、よくみると充分な動機が認められることが多い。

稲村[☆20]は、子どもの自殺動機を次の五つに大別している。

① 家庭問題：親子問題が重要で、親との死別・生別、親の精神病・アルコール中毒、虐待、親　の無理解や無関心、過剰な期待や干渉などがあげられる。

② 学業問題：学校不適応と受験失敗に分けられる。

③ 交友問題：いじめ、仲間はずれ、孤立や失恋などがあげられる。

④ 精神障害：うつ病、精神分裂病（統合失調症）、神経症、発達や性格の障害などがあげられる。

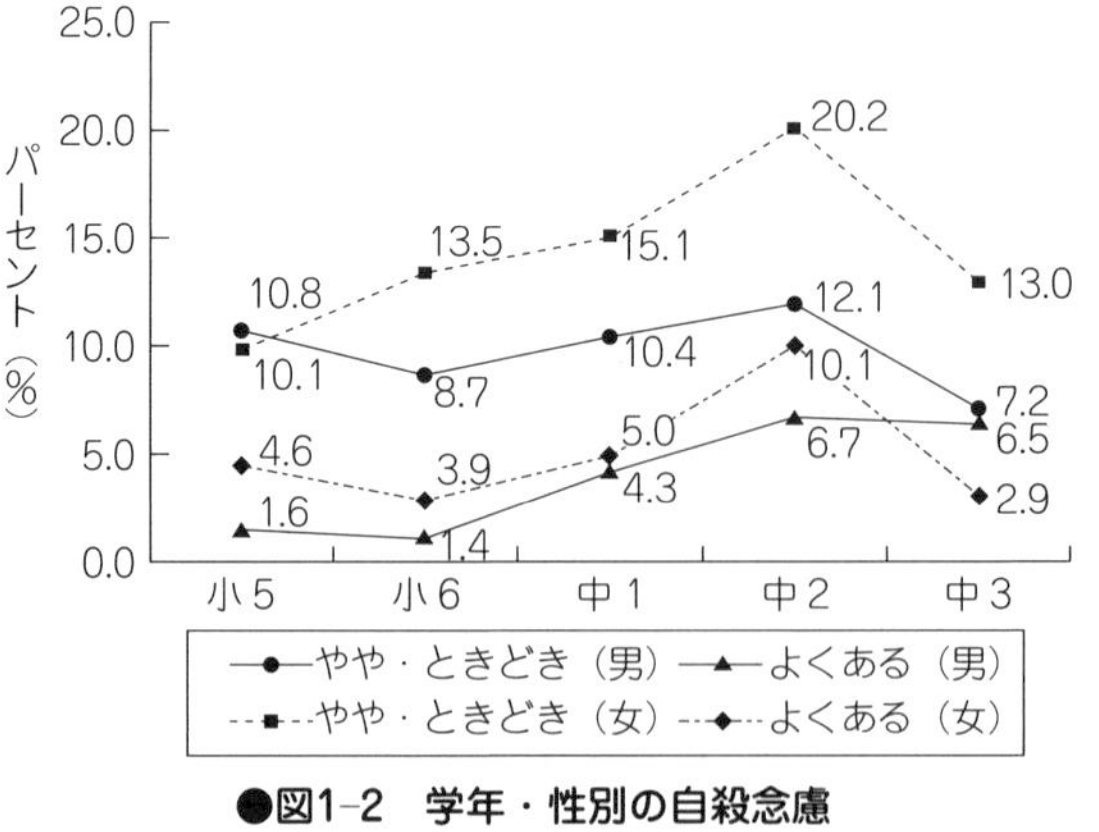

●図1–2　学年・性別の自殺念慮

⑤　病苦：身体的疾患・身体的虚弱、月経、妊娠などがあげられる。

では、どのような子どもに自殺の危険が高まるのだろうか？　それはおとなとそれほど変わらない。高橋[☆16]は、自殺の一般的な危険因子を次のようにあげている。

①　自殺未遂歴：自殺未遂歴がある者が将来自殺する確率は非常に高率である。
②　精神疾患の既往：思春期以降には自殺者中の精神疾患の割合が多くなる。
③　援助組織の欠如：頻回の転校、離婚、崩壊家庭などのためサポートが得にくい。
④　性別：思春期以降には、自殺既遂は男が多く、自殺未遂は女が多くなる。
⑤　喪失体験：病気やケガ、学業不振、予想外の失敗、友人との仲たがいなど。
⑥　事故傾性：事故やケガが多い、予防措置をとらない、医学的助言を無視するなど。
⑦　独特の性格傾向：未熟・依存的、衝動的、完全主義、孤立・抑うつ的、反社会的。
⑧　他者の死から受ける影響：精神的に強いつながりのあった人の突然の不幸な死亡。
⑨　児童虐待：幼児期に虐待を受けた人は抑うつ的・自己破壊的になりやすい。
⑩　その他：家族の入院・長期不在歴、愛情ある養育の欠如、身体疾患入院歴など。

また、自殺の危険の高い子どもの家族のシステムにはどういう特徴があるだろうか？

アメリカのフェッファー[☆21]は、次の五点をあげている。

①　世代間の境界の喪失：親自身が自分の親への敵意、喪失感、自尊心の低さ、親への過度の愛着を感じ、親からの充分な個体化ができていない。
②　柔軟性に欠ける夫婦関係：夫婦間に強い葛藤や怒りとともに、依存や分離への不安が常に

存在する。

③ 柔軟性に欠ける親子関係：親の感情が子どもに投影され相互関係を修復できない。

④ 共生的な親子関係：母子間に多く、子どもの自律した機能をうまく発達できない。

⑤ 柔軟性に欠ける家族のシステム：家族内のどんな変化も脅威や不安となる。家族内に秘密、自由なコミュニケーションの不足や敵意に満ちた相互関係が生じ、家族外の人々に対しては共感や支持を表明できなくなる。

自殺の特徴

子どもの自殺には他の年代とは異なるさまざまな特徴がみられる。稲村[☆20]は次の諸点をあげている。

①唐突で衝動的な傾向が強い、②致死度の高い手段をとりやすい、③動機がつかみにくい、④被暗示性が強い、⑤両価性が著しい、⑥過度な純粋さと敏感さに起因しやすい、⑦登校拒否、家出、非行など逸脱に走りやすい、⑧独特の死生観に基づいている、⑨その他（精神疾患が相対的に少ない、長男・長女やひとりっ子が多い）。

4 子どもの自殺の予防

子どもの自殺数が少ないことや、家族が世間の汚名を受けることを避けたがることなどから、子どもの自殺は否認される傾向がある。が、子どもの自殺を予防するためには、子どもは自殺しようと思い、実際に自殺することがある、という事実の認識から出発すべきであろう。

子どもの自殺を予防するための方策としては次の諸点が考えられるだろう。

①家族の関係性を強化する、②自殺の危険因子と危機介入の方法を世に知らしめる、③生徒、教師・専門職員、親、地域への教育プログラムを実施する、④自殺の危険因子を扱い治療する早期の危機介入プログラムを実施する。

橋本[☆22]は、教育現場での長年の実践経験をふまえて、自殺の短期と長期の予防教育について具体的な取り組みの仕方を解説している。

特に、いじめと自殺への対応については、①「いじめ・自殺」の報道規制、②教師間の連携（校内のチーム作り）、③家庭との協力と専門機関との連携、④いろいろな相談機関の利用、⑤生きがいを持つこと、などの大切さを強調している。

子どもの自殺が社会によって正しく認知され、しかるべき予防プログラムが広範な家庭、学校、地域において実施されれば、不幸な事態がかなり防げるだろうと確信して止まない。

（初出　「子どもの精神障害[☆23]」より）

2章 不登校と子どものメンタルヘルス

1節　不登校の日米比較と類型化

1　米国の不登校と比較文化精神医学的考察

はじめに

今日の米国は非常に混沌としている。いい意味でも悪い意味でも世界をリードしているといっても過言でないかもしれない。その傾向は「登校拒否」をはじめとする子どもの問題行動や精神障害の分野にも随所に現れており、珠玉のようにすぐれた研究や実践報告があるかと思えば、俗悪以外の何ものでもないものもある。そのような状況のもとで、米国における「登校拒否」をわかりやすくまとめるのは並大抵のことではない。しかも、筆者は日本に住む生粋の「在日日本人」であり、米国の「登校拒否」の事例を実際に治療しているわけではない。さらに不都合なことに、米国の最近の動向を追っていると、ますます「登校拒否」の概念がすたれてきていて、その実態が把握しづらくなっているという実感を禁じ得ないのである。というわけで、筆者が以下に展開することは、少ない資料と経験から大それた推論をしている点で、かなり無謀な試みであることをまずご了承願いたい。

ところで、よく指摘されるように、「登校拒否」というコトバの外延と内包について次のようないくつかの疑問がある。

第一に、「登校拒否」とは正確な訳であろうか? 英語で"school refusal"という。これを直訳すると「学校拒否」である。"school phobia"に対しては「学校恐怖（症）」という訳があてられたのに、なぜ"school"に対して「登校」というコトバを使用したのだろうか? 逆に、「登校拒否」を英訳すれば"refusal to go to school"となるか、あるいは「出席拒否」の意味をもたせて"refusal to attend school"となるはずである。それぞれ少しずつ意味が異なってくるのである。

第二に、「登校拒否」類縁のコトバにきちんとした日本語訳がまだ与えられていない。気がついたものだけでも、"school failure" "school avoidance" "school fatigue" "school reluctance" "school dropout" "school nonattendance"などたくさんのコトバがあげられるが、実は英語でさえもそれぞれにはっきりした概念の境界線があるとは思えないのである。

第三に、「登校拒否」とは均質な障害なのだろうか? もし、そうだとしたら「病気」であって、「治療」の対象なのであろうか?

第四に、「登校拒否」は純粋にその国の学校教育システムの問題であって、国家や文化が異なれば、当然その現象形態や出現様式もさまざまなのではないだろうか？

筆者の小論は、それらの疑問を出発点としているが、欧米の「登校拒否」をモデルとして日本のそれを逆照射してみると、今日の日本の「登校拒否」ブームの意味がかえってよくわかることがある。したがって、最後に米国の典型的な「登校拒否」の事例を呈示し、「登校拒否」の形成因について日米の比較文化精神医学的な観点から私見を述べてみたい。

米国における登校拒否の定義と分類

〈ＤＳＭ—Ⅲ—Ｒ〉

現在、米国精神医学会（ＡＰＡ）の精神障害診断・統計マニュアルであるＤＳＭ－Ⅲ－Ｒ（一九八七）や、世界保健機構（ＷＨＯ）の診断分類であるＩＣＤ－10（一九九二）には、「登校拒否」は独立した精神障害あるいは臨床単位としては採用されていない。したがって、いわゆる典型的な「登校拒否」をコードしようとしても、事例によってまちまちな複数の障害にまたがってしまう。当然、これには長所と短所がある。長所としては、（筆者からみると）ひとつの行動あるいは社会適応診断にすぎない「登校拒否」という「病名」をいたずらに事例にはりつけることなく、純粋に医学的観点からみた「……不安障害」などの「障害」をあてはめるので、対象者を客観的に選択でき、精神医学的治療とその効果判定の適正化がはかられる点がある。事実、そのような方向で最近の米国の児童思春期精神医学はつき進んでいるように思われる。しかし、その反面、日本のような教育システムを持つ国で圧倒的に問題になっている「登校拒否」のように、超障害的に共通の事例性を有する現象に対してはそれをひとことで表現するキーワードが必要である。その点が、日本の子どもの専門家からよくきこえるＤＳＭ－Ⅲ－ＲやＩＣＤ－10についての不満の大きな要素である。もっとも、それはとりもなおさず米国では現在の日本のような形の「登校拒否」がそれほど多くないということを意味するのであろう。

フロリダ国際大学心理学部のシルバーマン[☆1]は、子どもの不安に関する総説的な論文の中で、ＤＳＭ－Ⅲ－Ｒに載せられていない不安障害のひとつとして学校恐怖症（school phobia）を取り上げ、最近の傾向として、学校恐怖症は実際には不均一の群であって、その登校拒否行動（school refusal behavior）は部分的には、分離不安（separation anxiety）、回避性障害（avoidant disorder）、過剰不安障害（overanxious disorder）、単一恐怖（simple phobia）かつ／あるいは社会恐怖（social phobia）などのさまざまの不安障害の系列の表現とみなされているという。そして、同じように学校に共通に関連しており、当初考えられていたよりも複雑で不均一な問題として、試験不安（test anxiety）を取り上げている。

フロリダのノバ大学心理学部のラストら[☆2]は、ＤＳＭ－Ⅲ－Ｒの定義による不安を基礎に持つ登校拒否（anxiety-based school refusal）の臨床的な特徴を調べ、それを分離不安と恐怖症の二つの群に分けた。恐怖症群は分離不安群より発症年齢が高く、欠席の程度が著しかった。また、分離不安群の母親は登校拒否の既往をより多く持っていたという。

このように、現在の米国の子どもの精神医学・医療ではＤＳＭ－Ⅲ－Ｒ診断を多用しているために、「登校拒否（school refusal）」は特異的な障害というよりもむしろあまたある中のひとつの問題行動として扱われているようである。したがって、「登校拒否行動（school refusal behavior）」という中立的な名称の用い方は米国においては理にかなっているといえる。

とはいっても、依然として「登校拒否」に大きな関心を払っている専門家は存在する。しかも、学校に行かないという現象を包括的にとらえて、以下にみるように定義を明確にした細分類を試みている点が特徴的である。今日の日本でも典型的な神経症型の登校拒否は相対的に少なくなり、怠学や非行を伴う複雑な事例が増えていることを考えると、米国の最近の動きは無視できないと思われる。

〈ヤングらの分類試案〉

ニューヨーク大学医学部のヤングら[☆3]は、「登校拒否（school refusal）」とそれに関連した「不登校（nonattendance at school）」についての包括的な分類案を提案している（表2−1）。

学校に行かない子どもは、欠席が公認されたかどうかでまず二つに分かれる。ひとつは公認の不登校（A）で、これは本人や家族の病気などの理由で欠席するものであり、親や学校の許可を得ている。

もうひとつは非公認の不登校（B）で、さらに、親によるひきとめ（1）、怠け（3）、登校拒否（4）の主な三つに分かれる。

親によるひきとめは、経済的事情や病気などのために親が子どもを欠席させるもので、開発途上国や学校教育にあまり価値を置かない家族に多くみられる。

怠けは、子どもの全般的な衝動性と、規則遵守の能力や意志のなさのために欠席するものであり、これは出席しないことへの葛藤、不安や苦悩を伴わない点で登校拒否とは区別される。

そして登校拒否は、内向的な登校拒否障害（4）として学校恐怖（a）、分離不安（b）、抑うつ型（c）、身体化型（d）の四つに分かれる。

学校恐怖は、学校が嫌いなわけではないが、出席することに恐怖を覚えるもので、ヒステリー的あるいは強迫的な特徴を備える。多くは従順で「よい子」である。

分離不安は、主に母親のもとを離れる際に極端な不安やパニックになるために登校できなくなるものである。分離不安はDSM－Ⅲ－RやICD－10にも子どもの精神障害のひとつとして採用されている。

さらに、学校場面における危険への実際の恐怖による不登校（2）は、大都市のスラムや中心地域の学校で増えているもので、危険を回避するために親が子どもを学校に行かせずに自宅で教育するのである。「銃社会」「犯罪社会」の米国らしい亜型といえよう。

また、学校ドロップアウト（5）は古典的には怠けとみなされていたが、最近では"school failure"（学校脱落とでも訳すか?）や現在の不適切な教育プログラムの反映とみなされるもの（C）もある。

表2-1　ヤングらによる新たな不登校障害の分類

A. 公認の不登校（病気を含む）
B. 非公認の不登校
  1. 親によるひきとめ
  2. 学校場面における危険への実際の恐怖による不登校
  3. 外交的な怠け障害
  4. 内向的な登校拒否障害
    a. 学校恐怖
    b. 分離不安
    c. 抑うつ型
    d. 身体化型
  5. 学校ドロップアウト
C. あいまいな登校：登校中の能力ある生徒の学校脱落

〈テーラーらの動機別分類〉

ロスアンゼルス学校精神保健センターのテーラーらは、[☆4]“school reluctance”，“refusal”，“phobia”や“dropouts”などの問題をまとめて“school avoidance”（学校回避とでも訳すか？）とし、次のような動機別分類を試みている。もちろん、これらは相互に排除し合うわけではなく、一事例の中でも複数の動機が存在してよいのである。

①　学校の代用物への前向的な強い関心

子どもにとって魅力的なものが学校より家庭やコミュニティにある場合に起こる。たとえば、テレビ番組やお気に入りの活動、仲間とのつきあいなど。

②　無力さや関係性欠如の感情を生む学校での経験への反応的な回避

実際ハンディがあったり技術が不足している子どもだけでなく、学習、成績やふるまいなどの基準が子どもの能力を超えて要求された場合に、学校が脅威としてとらえられるのである。

③　学校での他者による支配への反応的な回避

たとえば、教師や親などの支配に対する自己決定を得るための権力闘争がそうである。

④　圧倒的な不安／恐怖に対する反応的な回避

数は少ないが、恐怖症というにふさわしい一群が存在して、治療的介入を必要とする。

⑤　家族成員や出来事に関係した必要性

さまざまの理由から家族が子どもを自宅にひきとめる必要がある場合に起こる。

「登校拒否」の古典論の系譜

「登校拒否」の系譜は第二次世界大戦前後の米国に遡ることができるが、日本では米国に約四分の一世紀遅れてはじめて報告が現れ、今日、米国をしのいで大きな社会問題として発展していることは周知の通りである。

そこで、今までの「登校拒否」概念を初期のものを中心にして簡単にふり返ってみることにする（ただし、英国やカナダの研究者による報告も含まれている）。

今日の「登校拒否」に近い事例を最初に記載したのは、米国の精神分析家であるブロードウィン[☆5]といわれている。彼は、学校にいると母親に恐ろしいことが起こるのではないかと急に心配になり、母親の無事を確認するために家に帰ってしまう強迫型の根深い神経症または神経症的性格の児童を分析し、母親への小児的な愛着とそのための無意識の罪の意識が存在することを主張した。

その数年後に、ジョンソンら[☆6]は「学校恐怖症（school phobia）」を、より頻繁で日常的に起きる「怠学（truancy）」とはっきりと区別した。彼女らは、学校恐怖症は完全に解決されていない母子の依存関係を背景にして、子どもの側の因子と母親の側の二つの因子が相互的に循環を生んで発生するとした。子どもの側の因子は、器質的疾患あるいはある外部の刺激によって生じた、ヒステリー的または強迫的症状を呈する急性の不安であり、母親の側の因子は、結婚の不幸や経済的困窮などの、自分自身の安全さへのある新たな脅威についての悩みである。ただし、彼女らは学校恐怖症を明確な臨床単位とみなしたわけではない。

そして、エステス[☆7]は、学校への恐怖は母親から離されることへの恐怖が置き換えられたもの、すなわち「分離不安（separation anxiety）」であると主張した。

その後も、諸家が学校恐怖症の概念を用いているが、それらの大部分は分離不安説に依拠している。その当時の学校恐怖症についての記述をまとめると次のようになる。[☆8] ①年齢幅は学齢期を含み、ピークは十歳から十二歳、②男女の数はほぼ同数、③知能は概ね平均以上で成績は合格点、④高い学力水準と成績への関心、⑤母親のわがままさと支配、母親との親密さ、他人への操作傾向、家の外では臆病なくらいの非攻撃性、⑥母親は子どもを甘やかす、⑦小さいときに親の不在の経験が少なく、そのため、親の不在に際し、親に拒絶されたという感情を持つ、⑧最も頻度の多い契機は学校が変わることで、その次は病気、⑨しばしば身体的な随伴症状を伴う登校についての恐怖の経験、⑩全く健康な子どもから精神病との境界に位置する青年まで、広い範囲の病理性が表現される。

このように初期の学校恐怖症の概念は、主として古典的な精神分析理論に基づく個人精神病理学の用語で記述されたが、しだいに「登校拒否」という一般化された用語が広く用いられるようになった。その理由は、恐怖症の起源といった特定の個人精神病理学理論に依拠せず、また単一の均質な障害であることを仮定しなくてもよいからである。[☆9] ミラー[☆10]は、登校拒否を「登校できないことであり、親はそれを関知しているが、登校させようとしてもできない」と定義し、臨床的な観点から、急性群、性格群、精神病前駆症状群の三型に分類した。

次に、登校拒否の理由（病因論）について簡単に触れよう。

一九六〇年頃までは学校恐怖症の病因論はほとんどが母子関係の病理に集中していた。スキナー[☆11]はこの伝統的な観点を「母子中心モデル」と呼び、それを最も明快に表現したものをデビッドソン[☆12]の論文から次のように引用している。

「学校恐怖症は、母親と強い両価的関係を結んでいる子どもにおいて、その関係が乱され、敵意が危険な意味を帯びた時に発症する。それは、量的に、前思春期におけるエディプス葛藤の復活とともに起こり得るか、あるいは質的に、家人の死または病気によって死が現実のものとして受けとめられるために、現存する敵意のレベルが危険な意味を帯びる時に起こり得る」

しかし、そのような母子関係のみに焦点をあてた議論はあまりにも一面的にすぎ、分離不安説が適用できるのは年齢が幼い場合のみであるという意見も出てきたため、まもなくして、家族の中の父親の役割も加味した報告が出てきた。そのうち代表的なウァルドフォゲルら[☆13]の主張を紹介すると、「父親は、子どもとの関係において、依存的な満足を過剰な同一化の形で求めるが、しばしば母親の愛情を得るために同胞として子どもと張り合う。両親の役割がはっきり区別できないために、子どもは性的同一性の確立が困難になり、多くの事例では両性的な葛藤がみられる。その葛藤はエディプス期に増大するが、両親側に子どもへの強い情緒的密着と子どもに好かれるための競争があるので、ますますその影響は大きくなる」という。それらの多くの報告では、父親像は「強く、支え、責任あるという典型的な役割がとれない」として描かれている[☆11]。

こうした流れから、学校恐怖症は家族の神経症であるとみなされるようになり、家族療法の必要性が認識されていった。

また、それらにやや遅れて、子どもの自己像を問題にする報告が現れ始めた。レベンタル[☆8]によると、子どもは自分自身と学校での達成度を過大評価し、非現実的で万能的な自己像を持つが、その力が学校場面で脅かされる時には不安を感じ、その脅威から逃れて自己愛的な自己虚構を維持しようとするという。

その他に、抑うつ説[☆14]、学習理論[☆15]などが、登校拒否の多彩な病因論の一翼を担う。

これまでの説を総覧すると、研究者の立場によって病因論の焦点のあて方が異なることがわかる。すなわち、精神力動論では学校場面での失敗に対する恐れを、精神分析論では登校するために母親のもとを離れる不安を、学習理論では登校することへの恐れを、それぞれ重視しているといえる[☆16]。

日米の「登校拒否」比較

〈事例呈示〉

筆者が以前に不登校の日米比較研究を行った際に取り上げた米国の「登校拒否」の事例を紹介しよう（ただし、事例の提供はコロラド州デンバー市の中久喜雅文博士のご厚意による）。

〈事例1〉男、白人、初診時十四歳

高校（９学年）に入学したが、学校の友人には飽き飽きし、授業も物足りなく、また唯一成績がよかった合唱団では、部長とうまくいかず、授業の途中で退出してしまうことが数回あった。ちょうどその頃、母親がうつ状態に陥ったことも重なり、抑うつ気分、食欲低下、体重減少、吐き気と嘔吐、不眠などの情緒的な問題と、登校拒否、学校の宿題忌避、成績低下、友人や家族からのひきこもり、友人ができない、家での不機嫌および物と母親への暴力などの行動面の問題が悪化した。そのために心理療法を受けていたが、治療は全く効果がなかったので、心理士と学校の紹介により、B病院へ入院となった。

家族は、コンピュータ技師の父四十三歳、看護婦の母三十九歳、兄十六歳の四人である。父親は出張で家をあけることが多く、家族の中ではどちらかというと影の薄い存在であった。母は、家族の中心的な存在で、本人の依存の対象であったという。母親は仕事上の同僚とのトラブルから失職に追い込まれ、重い抑うつ状態に陥ってしまった。それが本人の今回の症状悪化に大いに関係がある。また、兄は、性役割同一性の問題があり、性転換手術を受けようと考えている。本人とはゲームのことでいつも口論しているという。その他に、家族に精神科的な既往歴や遺伝負因は認められない。

本人の発達歴については、出生前には異常はなかったが、ミルクアレルギーがあり、六か月には脱水のために入院したり、おすわり、はいはいやことばの開始が少し遅れたという。三、四歳頃には非常に過敏で過剰な反応をするので扱いがむずかしかったが、幼稚園では普通にやっていけたという。小学1年（六歳）時には、落ち着かない情緒と行動が目立ち、「多動児」とみなされメチルフェニデートなどの薬物投与を受けたが効果はなく、ついで投与されたイミプラミンが効果的であった。小学2年時に算数と読書理解の学習障害と微細運動能力の問題があきらかになった。ただし、知能が高かったので（IQ＝128）、障害児学級に入れられることはなかった。その年に家族はM市から同じフロリダ州のO市に移った。小学3年から6年までは、学校では大きな問題なく過ごせたが、友人に対して自分の方が物知りだといばるので、つきあいは年下の友人に限られ、主に母親と買物、編物や料理などにいそしんでいた。中学1年（7学年）時には、勉強意欲が乏しく教師の援助も拒否し、病気を装って学校を休むことが多かった。中学2年（8学年）になった時に家族はデンバーに転居した。そこでも、授業中に仕事中の両親を呼び、病気だから家に帰りたいと幾たびも訴え、父親が家に連れ帰ることが多かった。そういう時は顔面が蒼白になっていたが、金曜日の午後になると回復したという。

初診時は、非常に痩せて顔色が悪く、実際の年齢よりかなり幼くみえた。面接態度は協力的だったが、気分の変動が激しく、食欲低下、体重減少、不眠を認めた。入院中は集団療法、作業療法、治療的レクリエーション活動、院内学級、および他の環境療法プログラムに参加した。薬物はイミプラミン一日75mgが投与された。入院当初は抑うつ気分とひきこもりのために治療プログラムに参加できず、他の患者達からいじめられたりしたが、退院の二、三週間前には気分も安定し、友人関係、自己主張性、勉強態度や家族との関係も改善して、入院六週間後に退院となった。

この事例には幼少期よりおそらく器質性の発達障害があり、家族の努力にも関わらずそれがなかなか改善せず、思春期になってさほど強くもない学業や友人関係のプレッシャーに耐えきれずに母親のいる自宅に逃避していたものだが、依存していた母親が重いうつ状態にかかったために家族のホメオスターシスが崩れるにつれて、自分自身の情緒および行動面の障害が著しくなっていったといえる。

日本でもこれと似たような事例に遭遇することはあるが、適切な治療施設や治療プログラムが乏しいうえに、登校や学習面のプレッシャーが強くかかり、また友人からのいじめや親の世間体の悪さなどの複雑な要素がからみ、おそらくこのようなすっきりした転帰にはいたらないのではないかと思われる。

〈事例2〉女、白人、初診時十四歳

中学までは成績も良く、友人も多く適応は良好だったが、十三歳頃から何事につけても怒りっぽくなり、気分の変動も激しく、居場所について嘘をいったり、消灯時間を守らなくなった。夜中にボーイフレンドのところに行ったり、部屋に呼び寄せたりして、アルコールや薬物も乱用していたのである。九月に高校（9

学年）が始まっても、勉強に集中できず、学校を嫌悪して、両親の知らないうちに授業をさぼり始めた。本人と家族はカウンセリングを受けたが効果がなく、学校と知人の医師の紹介によりB病院に入院した。

家族は、大工職の継父三十五歳、会社事務員の母三十六歳、異父弟七歳の四人である。本人が十四か月の時に実父母は離婚したので、本人は実父のことはほとんど覚えていないという。母親は本人が三歳の時に今の継父と再婚した。継父は十六歳の時から恐慌性障害の既往があり、本人が三歳半の時から精神科の治療を受けていたが、それを紛らわすために酒場に入り浸りだった。この時期、継父は母とともに、酒、マリファナやコカインをのんでいた。母親は抑うつ状態という診断を受け、薬物治療を受けていた。本人は、母親の飲酒癖のために、自分自身と異父弟の面倒をみなければならず、弟は本人のことを「ママ」と呼んでいたほどである。

本人の発達歴については、出生前および乳児期には全く異常がなかったが、四歳の時に十六歳の少年に性的いたずらを受けたという。しかし、それが心的外傷にはならず、小学校に上がっても成績も良く、友人や教師との問題もなかった。小学5年を終えた時に家族が転居したが、本人は新しい学校や環境になじめず、情緒的なひきこもりが始まった。ちょうどこの頃から、両親は一週間に二、三度からほとんど毎日コカインをのみ、母親の飲酒癖はずっと続いた。両親は自分達の問題を解決するためにカウンセリングを受け始めたが、本人は両親に固く心を閉ざし、食事時以外はすぐに自分の部屋に上がってしまった。

初診時は、面接に協力的で、自分の問題についてよく話したが、自分がなぜ抑うつ状態になったかわからなかった。食欲低下、絶望感、無力感を訴えたが、自殺念慮は認めなかった。入院中は集団療法、作業療法、治療的レクリエーション活動、院内学級、および他の環境療法プログラムに参加した。薬物はイミプラミン一日50mgが投与された。両親が物質乱用を行なっていた頃に感情を強く抑圧していたために、当初はなかなか感情の表出がうまくいかず、治療は難航した。特に母親に対する陰性感情が強烈で、絶対に信用できないようであった。この混乱した家族関係が解決しないまま退院して、家族のもとに戻ればすぐに退行してしまうとの判断から、入院三週間後に宿泊治療プログラムに本人を移し、家族との接触をもう少し多くしながら治療を続けることにした。何回かの家族療法セッションの後に、家族全員がもっとオープンに心を通わせないといけないとの認識に達し、本人の対人関係や自己イメージの改善もみられて退院となった。

この事例の両親は未熟な人格の持ち主で、物質乱用に溺れ、親として当然果たすべき役割を放棄してしまい、そのため本人との境界もぼやけ、本人が両親への抗議の逸脱行動に出たが、それに対して満足な対応ができなかったものと思われる。ある意味で、本人は両親の犠牲になったともいえるわけだが、典型的な日本の「登校拒否」ではむしろ親の過保護・過干渉から子どもの依存・退行や家庭内暴力などが起こるのとは逆の方向性を持っているといえる。

〈比較文化精神医学試論〉

一般的にいって、「登校拒否」の現象形態は社会状況と文化の影響を被りやすいと思われる。しかし、それは文化依存症候群（culture-bound syndrome）といい得るほどある特定の文化にのみ存在するものではなく、「登校拒否」発現への社会状況や文化の影響は病像成因的（pathogenetic）というより病像形成的（pathoplastic）といえる。

また、「登校拒否」を学校場面における適応困難のひとつとして捉えると、本人の主観的苦悩と家族や学校の判断でクライエントとして析出したわけであるから、それは事例性を問題にしていることを意味する。米国における学校恐怖症の初期の研究では、それが医学的な疾病なのか否かという疾病性を追及したが、現在でもその傾向は大筋において変わっていないといえる。

ところが、今日の日本においては、最近の「登校拒否」の形態の変遷や日本独自の精神障害観などの影響により、疾病性としての対象の限定の仕方が曖昧で、事例性のみを過度に強調しすぎる傾向があり、両者を混同または逆転させたような誤った意見が多いといえる。それは、日米の「登校拒否」の形成因を検討することによってはじめてあきらかになるのではないだろうか。

以下、推論の形ではあるが、簡単な試論を展開しよう。

「登校拒否」の準備状態あるいは遠因となるものは、すでに出生直後からの子どもの育て方から始まる。日米の典型的な育児の仕方は非常に対照的であるといわれる。タケウチ☆17は、日米の育児の違いを次の五点にまとめた。

① 日本では、子どもは両親の間に「川の字」になって寝て、子どもが泣けば母親はすぐに母乳を与えたりして世話をするが、米国では、子どもは両親とは別の部屋に寝かされ、泣いても放っておかれる。その代わり、毛布などが与えられ、それが母親の一部となって子どもは安心感を得る。したがって、日本の子どもは、米国の子どもに比べて親から独立することが遅くなる。

② 日本の子どもはおむつと衣服によって束縛を受け、身体的な自由が奪われるので、エネルギーが内部に発散されるために、「内向き」の抑圧的な人格となる。日本人はきれい好きなので、母親は子どものおしめが濡れていることをすぐに察知し、子どもが不快を訴える前に早めにおむつを替える。母親が何でもやってくれるので、子どもは自分自身を表現しなくてもよい。日本の子

どもがおとなしく素直なのはそのためである。米国では、全く反対で、身体活動が自由活発で、エネルギーが外的に発散されやすく、自己主張と自己表現を重視する「外向き」の人格となる。

③日本では、子どもは仰向けに寝かされるが、米国ではうつ伏せである。前者は受動的で、後者は活動的である。米国の母親は子どもを刺激して子ども自身にとって都合のよい条件を求めさせるが、日本の母親は子どもをなだめて現在の状況を受け入れさせる。

④米国の母親は、子どもに、他人に対して自分自身について言葉で説明するように求めるが、日本の母親はそうしない。

⑤日本の母親は子どもの学校の成績を上げるために子どもを勉強させようとするが、米国の母親は子どもが他の子どもと遊んだり社会的な接触をすることを重視する。

このような育児法の相違からいえる日米の母子関係の特徴は、日本では、母親と子どもが身体的・情緒的に一体化し、メタ言語によるコミュニケーションが自然に行なわれるが、米国では、母親と子どもには身体的・情緒的な隔たりが当初から存在し、言語によるコミュニケーションが意図して行なわれるといえる。したがって、そこから派生する人格特徴は、日本では内向的・抑圧的になるが、米国では外向的・発散的になる。最近は、このような日米の典型的な母子関係のあり方が少しずつ変容を受けてきているといわれているが、基本的な線は崩れていないものと思われる。

日本では早期の密着した母子関係を通じて自然の形で子どもは基本的信頼（basic trust）☆18を獲得しやすいが、日本の父親にありがちな物理的あるいは心理的不在による二次的変化としてあまりに母子の密着が強くなり、その共生的段階を容易に抜けでることができなくなる危険性がある。

米国では早期より子どもの分離―個体化（separation individualization）[19]が促されるので、子どもの独立性や自律性が早く獲得されやすいが、その反面で、親による子どもの物理的あるいは心理的な遺棄が起こりやすく、そのために子どもは、抑うつ、怒り、恐怖、罪悪感、受け身と無力感、空虚感からなる見捨てられ感情（abandonment feeling）[20]を抱く危険性がある。

日米の家族関係、特に夫婦のあり方はどうだろうか。最近の日本の夫婦は欧米型に近づいてきたとよくいわれるが、日米間には依然としてかなりの開きがあると思われる。子どもができると、日本の家族では、妻を中心とした夫婦関係と親子関係のL字型の家族関係ができるが、米国の家族では、あくまで夫婦関係が基軸なので、親子関係はそれに付随したもの、あるいは付け足し的なものとみなされる。

次に、日米の社会構造と対人関係のあり方をみよう。

土居[21]は、日本人のパーソナリティー構造を理解するための鍵概念として、「甘え」を取り上げ、乳児が母親との分離を否定しようとして母親に再び密着しようとする欲求であると考えた。甘えは人類に普遍的な感情であるが、日本では依存的な人間関係が社会的規範の中に取り入れられ、欧米ではそれを締めだしているために、特に日本で甘えが発達したという。

中根[22]は、インド社会との比較から、日本人の集団意識は、「資格」よりも「場」におかれており、組織原理は「タテ性」を重視する、とした。日本人の集団意識は、「ウチ」と「ソト」を区別し、集団内の情緒的な結束感、つまり「集団の一体感」に基づく共同体的関係が特徴的であり、その点で契約関係に基づく西欧の組織とは異なる。そこから、日本人の「批判精神の欠如」や「論理性の欠如」

他人から公の場で嘲けられたりした時の「公恥」だけでなく、他人の「一種特別の注視」によって「羞恥」が起こるとした。羞恥には二面性があり、一方では、目的達成の強い動機づけになるが、他方では、達成の原理にともなう競争を抑制する作用を果たすという。

作田[23]は、ベネディクト[24]の提出した日本文化のひとつの特徴である「はじ」の概念を批判的に検討し、が生まれるという。

井上[25]は、作田の説を発展させ、「はじ」を公恥、私恥、羞恥の三つに、「罪」を「普遍的罪」と「個別的罪」の二つにそれぞれ類型化した。「公恥」は、自我理想に基づく比較機能によって、自分を所属集団の内部における劣位者と認知し、所属集団から孤立した自分をはじることであり、「私恥」は、自我理想によって、理想的自己に比べて現実的自己が劣位者であると自分をはじることであり、「羞恥」は、自分が属する所属集団と自分がよりどころとする準拠集団との間に、認知志向のズレが生じた時の「はじらい」である。「普遍的罪」は、超自我によって、自分が準拠集団からの逸脱者として認知された時の罪の意識であり、「個別的罪」は、超自我に基づく規範的機能によって、自分が所属集団からの逸脱者として認知された時の罪の意識である。「公恥」と「個別的罪」は、ともに所属集団からの孤立を、「私恥」と「普遍的罪」は、ともに準拠集団からの孤立を基底とするから類似している。また、世間のあり方、つまり他者の「まなざし」については、「公恥」では、嘲笑や拒否として直接的に介入するが、「私恥」では間接的にあたかも他者が見つめるがごとくに自分自身を見つめる、という。精神病理学的表現を用いれば、前者は他者の「**まなざし脅威**」であり、後者は「**まなざし意識性**」といえる。

この「はじ」は、日本人の意識の根幹を形作っているもので、「はじ」の病理的表現とみなせる「視線恐怖」を始めとする「対人恐怖」[☆26]やおとなの「人見知り」[☆21]などは、日本人に特有のものとされている。

それに対して、米国では、日本人にみられる視線恐怖、赤面恐怖、醜貌恐怖、自己臭恐怖などの対人恐怖症状を呈する事例が非常に少ないといわれている。それは、米国では、「はじ」よりはむしろ「罪」の意識を文化の基底に置いており、他者の「まなざし」、あるいは「世間体」が、社会集団や対人関係のあり方に及ぼす影響力が比較的小さいからといえるだろう。

それでは、以上を前置きにして、日米の「登校拒否」の形成因の差異を考察しよう。日米の子どもは生下時から既に対照的な育て方を受ける。

日本の平均的な家庭では、子どもは母親との強い身体的かつ情緒的な一体感を体験し、容易に安心感を得るが、その反面で行動が制限されエネルギーの発散が抑えられてしまうので、内向的で自己主張の乏しい性格になりやすい。また、母子分離が意図的に行なわれないので、しかるべき分離―独立の機会には分離に際しての不安を感じやすい。実は、ごく普通の家族でのこの傾向が、既に「登校拒否」およびアパシーへの準備状態を提供しているのである。これに対して米国では、生下時より、子どもは母親とは別の存在として扱われ、早くから分離―独立を期待され、エネルギーの発散と自己主張を促すように育てられる。しかし、そのために子どもは見捨てられ感情を抱きやすく、それを補償するために自律的で外向的な性格を自ら作っていく、といえる。

その意味で、日本は他力本願であり、米国は自力本願である。したがって、日米の分離不安はその背景が全く異なるといわざるを得ない。日本ではそれはごく普通の家庭に起こることであるが、米国では母子の共生的な関係自体が病理的なことなのである。

ところで、学齢期前の子どもは、両親の影響を多大に受けることは明白である。日本の家族では、夫婦関係と親子関係が子どもをかすがいとして両立しているために、夫婦関係が多少悪くても親子関係の中に吸収されて表面上は家族のバランスは崩れないことが多いが、米国の家族では、夫婦関係が一義的なので、一度これが崩れると子どもは犠牲になり置き去りにされることが多い。近年の米国の社会病理は深刻なものがあり、それに呼応する形で、夫婦関係が容易に崩壊の危機にさらされるので、子どもに与える精神的外傷（その影響は情緒発達面の障害と抑うつ感情に現れやすい）はより大きいといえる。

つまり、学齢期前における日米の子どもの差異は、家族の病理性が子どもに与える影響が米国において顕著である点が特徴的である。極端な見方をすれば、米国型の「登校拒否」は、教育や友人の圧迫はあまり問題ではなく、本人の素質と家族の病理性による見捨てられ感情によって生じる、といえる。

これに対して、日本では、問題はむしろ学齢期を迎えてから起こりやすい。学校に上がるまでは、子どもは家庭という保護され閉ざされた空間の中で母親を中心とした情緒的関係を作って安心できていたが、今度は、学校というより広い空間で新たな仲間と人間的関係を作っていかなければならない。母親との分離―独立が未熟な子どもにとって、新たな仲間と再び情緒的な関係を作ることには大変な不安を伴う。この不安は、学年が上がり、中学校、高校、大学と進み、社会人になっても、生活空間と対人交流の幅が広がるにつれて、それに並行する発達課題の達成度の遅れとして、形を変えて絶えず現れてくる。この不安は、対人恐怖と呼び得るほど対象が限定されておらず、人と人との間の意識、あるいは他人との関係性の意識についての漠然とした不安感であり、ここでは「**対人不安**」と呼ぶことにする。そのような素地がある日本の子どもに、教師の叱責、友人からのいじめや成績・受験をめぐっての友人間の競争などによって、心理的な圧迫がかかると、その緊張感に耐えられずに、母親の待つ家庭に戻ってしまう。対人不安は、人間同士の対立・競合による緊張感を最も忌み嫌うのである。ひとたび欠席が始まると、友人や近所の人々の「まなざし脅威」、あるいは本人自身の「まなざし意識性」により、ウチにこもり、ソトに出られなくなる。家族、とりわけ母親は、「世間体」を強く意識するために、表面的には、子どもに学校に行くように促し、登校刺激を与えるが、そのために子どもの暴力が始まると、今までの育て方への贖罪の意識を抱き、無意識的には、マゾヒスティックな願望や母子共生時代への復帰願望などが誘発されるために、子どもの学校復帰にはアンビバレント（両価的）になりやすいのである。

以上をまとめると、次のようになる。

日本型の「登校拒否」は、早期の母子の情緒的一体関係に端を発した、日本人に特有の対人不安のために、社会化の過程における分離―独立をめぐる発達課題の達成が遅れがちになり、ひとたび、管理教育や受験をめぐっての学校の圧迫や、陰湿な集団的いじめなどの友人の圧迫により、不登校が始まると、他者の「まなざし」などに強くとらわれるあまり、ウチにこもりがちになるのが特徴的である。

米国型の「登校拒否」は、早期に母親から分離―独立を要請されるための見捨てられ感情が基底にあり、本人の発達障害や今日の米国に特有の社会病理を背景にした家族の病理性があまりにも強すぎると、見捨てられ感情を補償するだけの自律性が充分に育たないために、学校場面などでのストレスに耐えきれずに、問題行動を発症させることが特徴的である。しかし、他者の「まなざし」への意識は弱く、ウチにこもらない傾向がある。

（初出「登校拒否のすべて　第一部理論編」[☆27]より）

2　不登校の類型化——教師による評価——

はじめに

不登校の理由ないしは原因についてはさまざまな意見があり、極端な論者の場合、「親が悪い」あるいは「学校に問題がある」などの決めつけに近い議論が展開されることがある。

しかし、臨床事例を詳細に検討してみると、不登校の理由を単一の要因に帰すことに困難を覚えることが多いものである。また、筆者の知る限り、不登校の理由について、実証的なデータに基づいた科学的な分析はまだほとんど行なわれていない。

筆者は、不登校の理由についてより多元的な見方が必要であることを感じ、日米の事例の比較[☆28]から、不登校の理由について、本人・家族・友人・学校・社会の五つの領域別の圧迫要因を多変量解析の手法で分析した。その結果、本人の問題や家族の圧迫が相対的に強い「内圧型」と、友人や学校の圧迫が相対的に強い「外圧型」に類型化できることを示した。

今回の報告は、実際の不登校事例についての教師の評価を基にして、筆者の不登校の理由の類型化の検証を行なうことが第一の目的であるが、第二の目的として、教師の属性による評価の違いについても検討したい。

対象と方法

対象者は、一九九四年八月下旬に、筆者が「不登校のみたてと対応」について講演を依頼された二回の教職員研修会に参加した現職の教師である。一つ目は千葉県A市教育委員会主催の教員研修会に市内の公立小中学校から任意に選ばれて一人ずつ参加した教師二十五人（男七人、女十八人）で、二つ目は都内の私立B中学校の教員研修会に参加したB中学の教師全員四十四人（男二十四人、女二十人）、したがって、計六十九人（男三十一人、女三十八人）である。

調査の方法は、筆者が直接治療に携わった不登校の四事例について、本人・家族・友人・学校・社会の五つの領域において、それぞれ不登校の理由としてどの程度の問題ないしは圧迫があったかを、弱・中・強の三段階で評価してもらった。

評価に際しては、前準備として、図2-1「不登校の形成過程」という図を呈示し、上記の五領域の問題あるいは圧迫の具体例について説明した。そして、もしそれがなかったら不登校にはいたらなかっただろうと予想されるものを不登校の理由とし、それらをそれぞれの領域について独立に評価することと、事例の要約に詳しく記載されていない部分は推量で補って

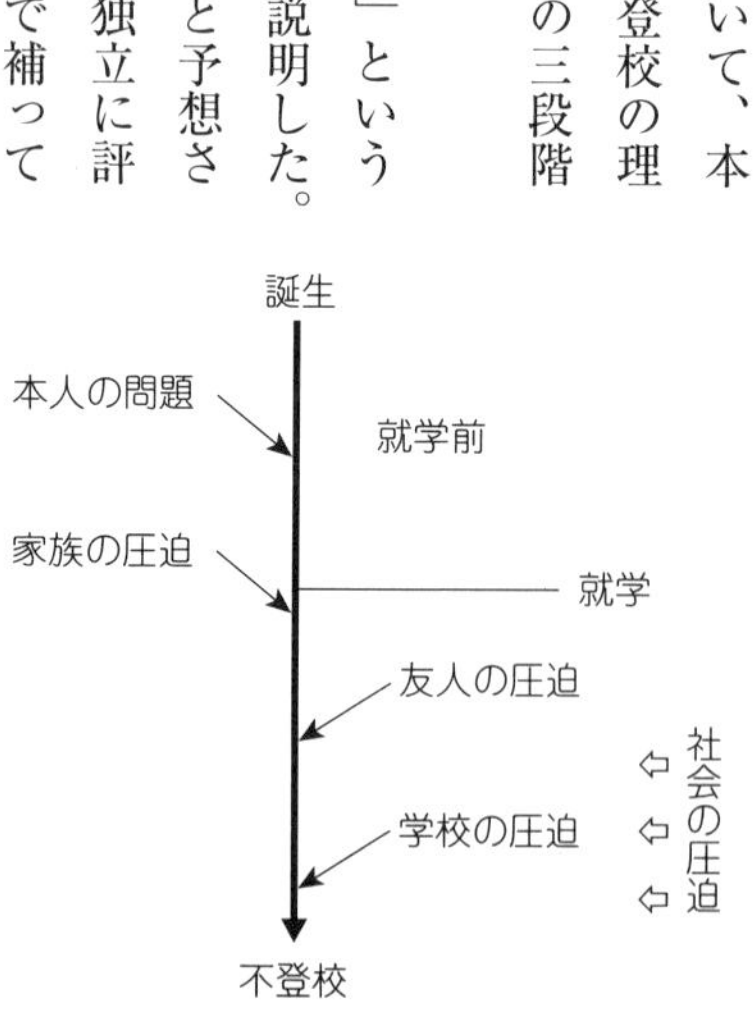

●図2-1　不登校の形成過程

かまわないという教示を与えた。付録1（68頁）に事例1から事例4の要約を示すが、それらの文章をそのまま読み上げて、ただちに評価を記入してもらった。記入が済んだ時点で、精神医学的観点から各事例について解説し、質問を受け付けたが、評価の訂正は認めなかった。

また、事例については、評価がしやすいように、上記の五領域のそれぞれの領域の問題あるいは圧迫が比較的明らかな事例を選び、表題や要約の内容などでその点を強調して表現した。もちろん、事例のプライバシーを守るために、事例を特定できるような特定の情報はできるだけ省き、内容を損なわない範囲で若干の修正を施すなどの配慮を払った。

なお、統計処理にはＨＡＬＢＡＵ（High Quality Analysis Libraries for Business and Academic Users）[☆29]などの統計学パッケージを用いた。

結果

〈対象者の特徴〉

表2-2に、対象者を、性別、平均年齢、学校別、教師歴、専

●表2-2　対象者の属性

年　齢＊	男（N=31）	42.9±11.5歳［27-65］
	女（N=38）	43.8±10.1歳［25-62］
	計（N=69）	43.4±10.7歳［25-65］
学　校	小学校	15人（21.7%）
	中学校	51人（73.9%）
	その他	3人（4.3%）
教師歴＊		20.5±10.9年目［1-43］
専門教科	数学、理科	16人（23.2%）
	国、英、社	22人（31.9%）
	その他＊＊	17人（24.6%）
	全教科	14人（20.3%）
不登校担当歴	あり	45人（65.2%）
	なし	22人（31.9%）

注）＊平均±標準偏差［範囲］
＊＊保健体育，美術，音楽，書道，技術家庭，養護など

門教科、不登校児担当歴の属性でまとめたものを示す。

性別による平均年齢の有意な差はなく、年齢は二十歳代から六十歳代まで各年齢層にあまり片寄りのない分布をしていた。

学校は、今回の対象者の選び方を反映して、小学校教師十五人すべてがA市の公立小学校に所属しており、中学校教師五十一人はA市の公立中学校八人と私立B中学校四十三人に分かれた。

教師歴は、対象者の年齢の幅広さに対応して一年目から四十三年目までの教師が含まれており、その内訳は十年目以下が十一人、十一年目から二十年目までが二十五人、二十一年目以上が三十二人であった（一人のみ不明）。

専門教科は、理科系（数学、理科）十六人と文科系（国語、英語、社会）二十

●表2-3 不登校の理由の評価（度数分布）

	問題 or 圧迫	本人	家族	友人	学校	社会	計
事例1（高1男）	弱	1（1.4%）	2（2.9%）	42(60.9%)	26(37.7%)	34(49.3%)	
	中	7(10.1%)	26(37.7%)	25(36.2%)	32(46.4%)	31(44.9%)	
	強	61(88.4%)	41(59.4%)	1（1.4%）	10(14.5%)	3（4.3%）	
	平均*	2.87±0.38	2.57±0.56	1.4 ±0.52	1.76±0.69	1.54±0.58	10.18±1.54
事例2（小5女）	弱	11(15.9%)	6（8.7%）	19(27.5%)	13(18.8%)	16(23.2%)	
	中	30(43.5%)	28(40.6%)	13(18.8%)	24(34.8%)	25(36.2%)	
	強	28(40.6%)	35(50.7%)	36(52.2%)	32(46.4%)	28(40.6%)	
	平均*	2.25±0.72	2.42±0.65	2.25±0.87	2.28±0.76	2.17±0.79	11.37±1.64
事例3（中2女）	弱	12(17.4%)	5（7.2%）	34(49.3%)	10(14.5%)	17(24.6%)	
	中	30(43.5%)	14(20.3%)	12(17.4%)	38(55.1%)	29(42.0%)	
	強	27(39.1%)	50(72.5%)	22(31.9%)	21(30.4%)	23(33.3%)	
	平均*	2.22±0.72	2.65±0.61	1.82±0.9	2.16±0.66	2.09±0.76	10.97±1.56
事例4（高3女）	弱	3（4.3%）	4（5.8%）	54(78.3%)	7(10.1%)	24(34.8%)	
	中	24(34.8%)	39(56.5%)	14(20.3%)	21(30.4%)	25(36.2%)	
	強	42(60.9%)	26(37.7%)	1（1.4%）	41(59.4%)	20(29.0%)	
	平均*	2.57±0.58	2.32±0.58	1.23±0.46	2.49±0.68	1.94±0.8	10.55±1.54
計		9.9 ±1.46	9.96±1.27	6.7 ±1.26	8.69±1.58	7.76±1.92	43.1 ±4.19

注） *弱=1点，中=2点，強=3点として，平均得点±標準偏差を示した

二人に分け、残りの保健体育、美術、音楽、書道、技術家庭、養護などをその他十七人として一括した。なお、小学校は主に全教科十四人とした。

不登校担当歴は、何らかの立場で今まで不登校児童・生徒を担当したことがあるかどうかを尋ねたが、四十五人（65・2％）が「ある」と答えた。

〈不登校の理由の評価〉

表2–3に、事例1から事例4について、本人・家族・友人・学校・社会の五領域別にそれぞれ不登校の理由となった問題あるいは圧迫の程度を弱・中・強の三段階で評価した度数分布を示す。弱を1点、中を2点、強を3点として、領域別に平均得点と標準偏差を算出した。もちろん、各領域ごとに厳密な評価尺度に従った評価が下されているわけではないので、各領域間の数値の大小による統計的比較は意味がないが、事例同士の得点パターンを比較することによって事例のおおまかな特徴をつかむことができる。

各事例の得点分布のパターンには、以下のような特徴がみられた。

●表2–4　不登校の理由の因子分析

	因子Ⅰ	因子Ⅱ	共通性
本人計	0.180	−0.413	0.203
家族計	0.375	−0.346	0.260
友人計	0.656	−0.089	0.438
学校計	0.716	−0.141	0.533
社会計	0.431	0.170	0.215
寄与率（％）	26.04	6.93	
累積寄与率（％）	26.04	32.96	

	因子Ⅰ	因子Ⅱ	共通性
事例1計	0.791	0.144	0.646
事例2計	0.751	0.030	0.565
事例3計	−0.023	0.504	0.255
事例4計	0.294	0.548	0.386
寄与率（％）	31.93	14.39	
累積寄与率（％）	31.93	46.32	

注）表中の数字はバリマックス回転後の因子負荷量を示した

事例1（高1男）　本人と家族が他よりも顕著に高い点数であった。

事例2（小5女）　五領域いずれも比較的高い点数であったが、そのうち家族の点数が最も高かった。

事例3（中2女）　家族の点数が顕著に高く、次いで本人、学校と続いた。

事例4（高3女）　本人、学校、家族と高い点数が続いた。

〈不登校の理由の因子分析〉

表2-4に、不登校の理由の各領域の合計得点と、各事例の合計得点を因子分析し、バリマックス回転をした後の因子負荷量を示す。

不登校の理由の領域別の因子負荷量をみると、因子Iの因子負荷量が「学校計」と「友人計」で大きい。これは筆者が「外圧型」と呼んだ類型に相当しよう。また、因子IIは、因子Iほど明瞭ではないものの、「本人計」と「家族計」の因子負荷量が大きい。これは筆者が「内圧型」と呼んだ類型に相当しよう。

不登校の理由

友人計		学校計		社会計	
平均	標準偏差	平均	標準偏差	平均	標準偏差
6.71	1.40	8.65	1.66	7.52	1.98
6.69	1.14 *n. s.*	8.73	1.52 *n. s.*	7.97	1.86 *n. s.*
6.29	1.20	8.36	1.50	8.79	1.58
6.80	1.25 *n. s.*	8.86	1.52 *n. s.*	7.51	1.92 *n. s.*
6.55	1.04	8.27	1.79	8.27	2.28
6.64	1.50	8.84	1.37	7.96	1.88
6.73	1.39 *n. s.*	8.68	1.68 *n. s.*	7.35	1.78 *n. s.*
6.53	1.06	8.19	1.05 *	7.31	1.54
7.14	1.46	9.45	1.57	8.18	1.87
6.71	1.10 **	8.76	1.60 **	7.00	2.18
6.15	1.14	7.92	1.66	8.62	1.71 *n. s.*
6.64	1.31	8.61	1.69	8.11	1.83
6.86	1.20 *n. s.*	8.82	1.30 *n. s.*	7.23	2.00 *n. s.*

各事例の因子負荷量をみると、因子Ⅰの因子負荷量が「事例1計」と「事例2計」に大きく、因子Ⅱの因子負荷量が「事例3計」と「事例4計」に大きい。したがって、事例1と事例2、事例3と事例4が、それぞれ不登校の理由が類似のパターンを示すものと推測できる。ここで、表2-3の各事例における不登校の理由の領域別の得点パターンを比較検討すると、事例1と事例2が「内圧型」に、事例3と事例4が「外圧型」にそれぞれ属すると考えられる。

〈対象者の属性による不登校の理由比較〉

表2-5に対象者の属性による不登校の理由の領域別の平均得点を比較したものを示す。

性別による比較では、どの領域においても有意な差はみられなかったが、「友人計」を除いた四領域において女の方が男よりも点数が高い傾向があった。

学校による比較では、「本人計」においてのみ中学校の方が小学校よりも点数が有意に高かった。その他の領域においては、小学校に「家族計」と「社会計」の点数

表2-5 対象者の属性と

		本人計		家族計	
		平均	標準偏差	平均	標準偏差
性別	男（*N*=31）	9.87	1.65	9.81	1.38
	女（*N*=38）	9.92	1.30 *n. s.*	10.08	1.17 *n. s.*
学校	小学校（*N*=15）	9.13	1.68 ＊	10.00	1.36
	中学校（*N*=51）	10.10	1.36	9.94	1.24 *n. s.*
教師歴	10年目以下（*N*=11）	9.82	2.14	9.82	1.08
	20年目以下（*N*=25）	9.52	1.26	10.00	1.26
	21年目以上（*N*=32）	10.19	1.31 *n. s.*	9.94	1.37 *n. s.*
専門教科	数，理（*N*=16）	10.06	1.61	9.69	1.20
	国，英，社（*N*=22）	10.14	1.39	10.27	1.16
	その他（*N*=17）	10.06	0.97	10.06	1.43
	全教科（*N*=14）	9.14	1.75 *n. s.*	9.64	1.28 *n. s.*
不登校担当歴	あり（*N*=45）	9.96	1.59	9.93	1.32
	なし（*N*=22）	9.77	1.19 *n. s.*	10.00	1.23 *n. s.*

注） 対応のない2群の分布の差をみるためにWilcoxonの順位和検定を用いた
n. s.＝not significant　＊p＜0.05　＊＊p＜0.01

が高く、中学校に「友人計」と「学校計」の点数が高い傾向があった。

教師歴による比較では、十年目以下、二十年目以下、二十一年目以上の三群間で、どの領域においても有意な差はみられなかった。十年目以下は「社会計」の点数が高く、二十年目以下は「家族計」と「学校計」の点数が高く、二十一年目以上は「本人計」と「友人計」の点数が高い傾向があった。

専門教科による比較では、「友人計」において最高値の文科系と最低値の全教科との間で有意な差がみられた。また、「学校計」において文科系、その他、理科系、全教科の順に点数が高く、前一者と後二者との間に有意な差がみられた。その他の領域では有意な差はみられなかったが、「本人計」「家族計」ともに文科系が最高値で、全教科が最低値であった。したがって、「社会計」を除いた四領域において文科系、その他、理科系、全教科の順に点数が高かった。図2-2に、これらの結果をグラフにまとめたものを示す。

不登校担当歴による比較では、どの領域においても有意な差はみられなかったが、「本人計」と「社会計」において担当歴「あり」の方が「なし」よりも点数が高い傾向があった。

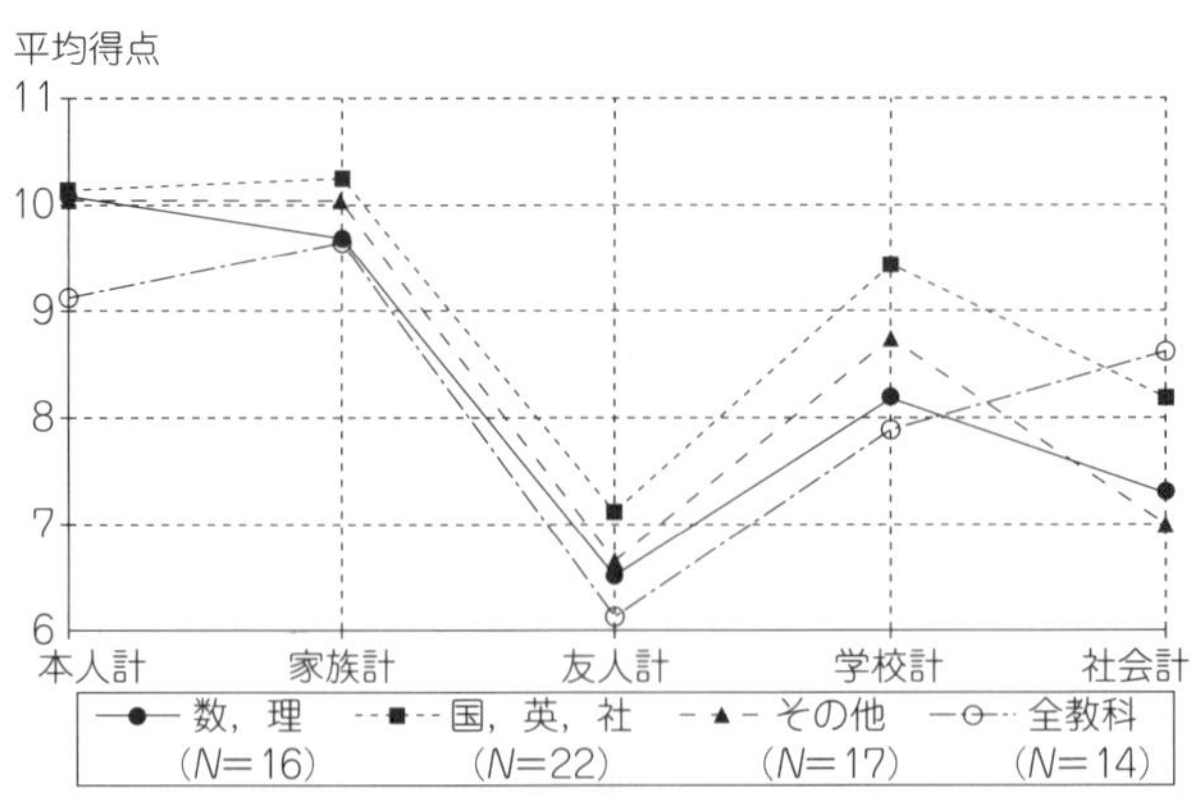

●図2-2　不登校の理由の専門教科別比較

考察

周知のように、不登校は増え続けており、文部（科学）省の一九九四年度の学校基本調査[☆30]によると、「学校ぎらい」などの理由で昨年度に三十日以上欠席した児童生徒数は、小学校が一万四七六三人（前年度より一〇五三人増）、中学校が五万九九九三人（前年度より一五七二人増）にのぼった。全児童生徒数に占める率は、小学校が0・17％（前年度0・15％）、中学校が1・24％（前年度1・16％）である。また、平成五年度版の青少年白書[☆31]によると、「個々のケースは、学校、家庭、社会のさまざまな要因が複雑に絡み合って起こることが多く、その態様も……決して一様ではない」という見解が提出されている。

したがって、不登校は、その量的な増大からだけでなく、その要因やタイプの多様さからも、今日のわが国の学校精神保健が対処すべき主要なテーマとなっている。筆者が今回報告した不登校の理由についての多元的な観点は、そのひとつの解決案といえるかもしれない。

以下、今回の方法と結果について考察を進めたい。

〈方法上の問題点と限界性〉

対象者について、この種の調査で常に問題になるのは、選ばれた対象者が母集団を代表しているかどうかという点である。今回は、たまたま筆者が講演を依頼された教職員研修会に参加した教師を対象者としたわけで、標本抽出法としては有意抽出の機縁法にあたる。この方法では母集団を代表しているという保証はないとされている[☆32]。しかし、A市の場合は、市内の各公立小中校から一人ずつ任意に、特に何らかの基準を設けて選ばれたわけではなく、私立B中学校の場合は、全員参加が義務づけられていた。また、対象者の特徴をみると、性別、平均年齢、教師歴、専門教科などにおいてあまり片寄りのない分布をしており、今回の対象者の選び方は有意抽出というよりもむしろ無作為抽出に近いのではないかと思われる。惜しむらくは、対象者の数が少なかった点と、教師以外の職種を対照群として分析できなかった点である。これらは、今後の課題としたい。

また、不登校の理由の評価についても、以下のようないくつかの問題点がある。

一つ目は、評価尺度の問題である。もとより、今回の研究は不登校の理由の各領域別の評価尺度を標準化するためのものではなく、また不登校という複雑で多様な現象に対してそれが可能かどうか疑わしいところである。したがって、今回は、もしそれがなかったら不登校は起きなかったろうと予想される要因について、それが背景因であろうと直接の契機であろうと区別せずに、それがどの領域に属し、程度がどのぐらいかを評価者の判断に任せたわけである。その意味で、強・中・弱の尺度水準の判断にはかなりの主観性が伴うことは避けられなかった。今後は、できるだけ尺度水準の操作的な定義などを工夫して、評価の妥当性を向上させることが課題といえる。

二つ目は、評価者間の一致率の問題である。これは評価の信頼性に関わるもので、表には示さなかったが、コーエンのκ係数[☆33]を求めたところ、領域別で0・03から0・13の範囲、事例別で0・008から0・29の範囲と低値であった。したがって、今回の評価尺度の信頼性は、それほど高くなかったものと予想される。つまり、評価のバラツキが大きくて、評価者間の一致度を議論できるほどの評価尺度ではなかったということである。しかし、先にも触れたように今回の調査の目的は、評価尺度の開発にあるのではなく、むしろ教師の属性による評価の違いをみることであった。そのためには、尺度の定義が多少曖昧で、個人による憶測が入りやすい尺度の方が判断の違いを反映しやすいだろうと仮定したのである。しかし、この仮定が正しいかどうかは、今後、再検査法などによって信頼性を検証する必要があるだろう。

三つ目は、情報の量と質の問題である。今回の方法は、事例の要約を聞いてただちに評価に移るものだが、判断のために充分な量の情報が提供されたとは言い難かった。情報の質についても、短時間で事例のイメージをつかんでもらうために、表題の表現や内容の取捨選択などによりある部分を意図的に強調しすぎて、客観的な情報を歪めたかもしれない。また、事例についての質問を認めなかった点も、情報の量の少なさと質の劣化に拍車をかけたといえるだろう。それらが、評価のバラツキとなって表れた可能性がある。

四つ目は、評価方法への慣れの問題である。今回の教職員研修会では、事前に講義内容を知らせたわけではなく、この種の評価方法は対象者にとっては全く初めての経験であった。限られた時間内で簡単な説明を受けただけで正確な評価が下せるという保証はない。何回かの練習効果によっては、評価が異なっていた可能性は否定できないだろう。特に、曖昧になりやすかった社会の圧迫の程度の評価については、どういうものが具体的に社会の領域に属し、それが不登校にどの程度の影響を与えたかを正確に判断するためには、かなりの解説と練習を必要とするだろう。

〈不登校の理由の類型化〉

筆者は、不登校の理由と、問題行動や症状の特徴について、前者を「内圧型」と「外圧型」に分け、後者を不安症状やひきこもりが目立つ「不安内閉型」と情緒・気分の障害や逸脱行動が目立つ「情緒逸脱型」に分け、それぞれを組み合わせて、内圧・不安内閉型、内圧・情緒逸脱型、外圧・不安内閉型、外圧・情緒逸脱型の四型に類型化した。[☆28] 今回の報告は、そのうち不登校の理由の類型化の部分をとりあげたわけだが、一人が多数の事例を評価したのではなく、共通の事例について多数の教師が評価したことが新たな点である。

因子分析の結果、本人の問題と家族の圧迫が、また友人と学校の圧迫が、それぞれ密接な関連性を持っていることがわかった。前者が「内圧型」に、後者が「外圧型」に相当することは明らかといえよう。事例（付録1参照）については、1と2が、また3と4が、それぞれ密接な関連性を持っていた。以下に述べるように、各事例の不登校の理由の比較検討から、事例1と2が「内圧型」に、事例3と4が「外圧型」にそれぞれ属することが確認された。

事例1は、主に本人の神経質で完全主義的な性格や神経症症状のために不登校にいたったものであり、友人や学校の圧迫は多少あったとしてもそれらは本人にとってはむしろ肯定的にとらえられており、「内圧型」に属すると考えられる。

事例2は、親の過剰な期待を一身に背負ってそれに応えようと無理を重ねてきたものの、ついに我慢の限界に達して夜驚や不登校にいたったものであり、極めて反応的な色彩が強く、「内圧型」に属すると考えられる。実際、その後、親が対応方針をがらりと変えて本人を追い込むようなことを一切やめたところ、短期間のうちに症状は消え去ったのである。

事例3は、本人の自己中心的・勝ち気で不安定な性格やそれを受けとめる親の能力の低さなどの問題はあったが、不登校の直接のきっかけは友人にいじめられたことと学校側の対応の不適切さなどが大きく関与しており、「外圧型」に属すると考えられる。しかし、その後の経過を追うと、本人の性格的なもろさや「水商売」への志向などが目立ち、「内圧型」に移行していった。このように、不登校の類型化は同一事例においても経過によって変化することがある。

事例４は、大学受験期という重圧の下で、教師から上位30％まではそのまま進学できるかもしれないと言われ、ちょうどその辺の成績だったので、もしかすると大丈夫かもしれないと心に隙ができていたところに、しばらくして15％までしか進学できないと宣言されて打撃を受けたことが、不登校や過食の大きな契機となっている。したがって、「外圧型」に属すると考えられる。その後、一時はあきらめた大学受験を自らの意志で敢行して、見事合格し、症状の痕跡をほとんど残さずに伸び伸びと大学生活を送っているという。

以上の結果は、筆者の不登校の理由の類型化のひとつの検証といえよう。

〈教師の属性による評価の違い〉

筆者が教師の属性による不登校の理由の違いについて実証的な研究を行なおうと思ったのは、実際の臨床事例についてのコンサルテーションなどで担当の教師と接することが多く、教師のパーソナリティはもちろんのこと、所属の学校、年齢や専門教科などによって、事例に対する見方がやや異なるのではないかという印象を持っていたからである。特に、本人の怠けやずる休みだとか、親の甘やかしが原因だとかの一方的な決めつけはまだまだある種の教師には支配的な意見ではないだろうか？

学校不適応対策調査研究協力者会議報告[☆34]によれば、登校拒否問題への対応への基本的視点について次のような五つを提言している。

① 登校拒否は、どの子どもにも起こり得るものであること。

② 学校は、学校生活上の問題が起因して登校拒否となるケースがある現状を受け止めて、問題解決に努力する必要があること。

③ 学校をはじめ関係者の努力によって、登校拒否はかなりの部分を改善・解決できるものであること。

④ 子どもの自立を促し、学校生活への適応を図るという視点をもって対応を行なうこと。

⑤ 子どもの好ましい変化は、積極的に評価することが大切であること。

したがって、今後ますます教師が児童生徒を正しく理解することが重要となるであろう。

以下、今回の結果に従って、多少乱暴な議論ではあるが、教師の属性と不登校の理由の評価の違いについて考察する。

性別による比較では、有意な差はなかった。しかし、友人の圧迫を除いた四領域において女の方が男よりも高い点数であったのは、一般にこの種のテストでは女の方が高い点数をつけるという傾向の反映か、それとも不登校の理由を女の方が重く評価するのか定かではない。あるいは、今回呈示した事例四人中の三人が女であり、女教師の方が女子児童生徒の苦しみや悩みに共感しやすかったのかもしれない。

学校による比較では、小学校の方が家族と社会の点数が高く、中学校の方が本人（有意差あり）、友人と学校の点数が高かった。社会の圧迫の評価は曖昧なのでここでは置くとしても、これらの結果は首肯できるものである。つまり、人間は自分の置かれた環境の基準に準拠した判断をしがちだと仮定すると、教師の判断では、小学校、特に低学年ほど親の養育態度が問題とされることが多いが、中学校になると問題はより複雑化・深刻化してきて、本人の性格的な問題、友人間の競争やいじめ、そして学校教育自体の問題などを重く評価する傾向があるといえるかもしれない。

教師歴による比較では、十年目以下に社会の点数が高く、二十年目以下に家族と学校の点数が高く、二十一年目以上に本人と友人の点数が高い傾向があった。若い教師ほど最近の不登校に対する見方の拡がりを反映して社会の要因を重く評価し、ベテラン教師ほど本人の問題や友人関係など人間そのものの部分を重く評価するのかもしれない。また、中堅の教師は、親とのやりとりや教育の現場などからの現実的な見方をとりやすいのかもしれない。

専門教科による比較では、やや複雑な結果となったが、社会を除いた四領域において文科系が最高値であったのが大きな特徴といえよう。全教科は小学校のことなので、ここでは文化系、理科系、その他の関係について考えよう。特に、文化系と理科系の教師の違いが目立ったが、前者は重く評価し、後者は軽く評価する傾向があった。中学生という同じ対象に対して、不登校の理由の評価に軽重が分かれるということは、文系教師と理系教師の思考パターンの違いの反映とみなせるかもしれない。つまり、文系教師の方が日常的に人間の心理に親しんでいるので、共感能力がより高い、あるいは主観的な判断をしがちであるのに対して、理系教師はむしろ客観的で冷徹な判断に長けているのかもしれない。

不登校担当歴による比較では、有意な差はみられなかった。不登校児童生徒を担当したことがあっても、必ずしも不登校の理由に対する評価ががらりと変わることはないのかもしれない。

付録1

事例1：どうしても不安がとれずに不登校、退学にいたった高1男子

もともと神経質、小心、几帳面な性格。中2頃からそれが強くなり、授業時間の前に教科書を開いていないと心配で、休み時間や昼休みもまじめにやらなければと思いひとりで勉強していた。自分の部屋はきちんと片づけ、机の上の物も線をそろえて並べないと気がすまない。

私立高校入学後も、他のみんなが勉強しているなら自分もそれ以上にやらなければいけないと思い、緊張して、微熱と頭痛が続いた。朝、家を出るたびに腰痛、腹痛、吐き気などを訴え、五月までに二十日間欠席した。

家族は、父、母、姉との四人。父はあまりうるさくいわなかったが、母は細かなことにこだわり口やかましく接していた。姉は気が強く、本人とよく口論やケンカがたえなかった。

六月から治療を開始したが、やはり満員電車での吐き気や、プールや定期テストの前の気分の悪さのために遅刻、早退や欠席は多かった。また対人緊張も強いのでなかなか親しい友人もできなかった。

十二月頃から登校できなくなり、留年し、翌春からの学校復帰をめざした。翌年の四月に二回目の高1に復帰したが、やはり五月の連休明けから再び休みがちになり、そのまま登校できずに、結局、自らの意志で退学を決め、十月に退学届けを提出した。そして、その翌春に再び高校受験を試み、公立高校に入学した。

しかし、時々抑うつ的になり、意欲低下、不安やあせり、軽い自殺念慮、食欲低下、不眠などを示すので支持的な精神療法と薬物療法は継続している。

事例2：親の過剰な期待にまいって不登校、夜驚にいたった小5女子

もともと引っ込み思案だがカンが強い性格。一人っ子。幼稚園の頃から有名音大の先生についてバイオリンを習わされていた。小学校からピアノとソルフェージュがそれぞれ週に一回、英語が週に二回のレッスンが加わった。練習の成果があがり、小4の夏のコンクールで優勝したという。小4の十月頃から有名進学塾の会員になるため猛勉強を開始し、その甲斐あって合格し、二月初旬から新幹線で通い始めた。

その翌日、夜中に「眠れない」といいだし、突然ギャーと叫んで、人が変わったような形相になり、おびえてわなわなふるえだした。朝方になって疲れはてて休んだ。しかし、学校には行けず、寝る前に頭痛を訴え、微熱が出て、テレビをみては興奮していたという。三月頃からは、朝六時頃に寝て、昼過ぎに起きるという昼夜逆転の生活になった。しかし、友達が来ればよく遊ぶし、週末は旅行に連れ出したりして、春休み頃には朝九時頃に起きるようになった。

小5の四月からは元気に登校し出したが、五月の連休明けか

ら再び行けなくなってしまった。母が本人にきくと、「本当は学校に早く行けるようになりたい」「治してくれる人に会いたい」とか、「クラスが変わって友達がいない」などと涙ながらに訴えたという。

母によると、小1、2はやさしくていい先生だったが、小3は新米教師で学級経営が下手なので子どもがダレた。小4は学年主任で管理主義の女の先生で、ハシの上げ下げや消しゴムを忘れただけで赤ペンで連絡帳に記入するなど、過干渉できびしく、本人は「大嫌い」といっていた。小5は遊び心のある先生で、本人は「うれしい」を連発していた、という。

事例3：「友だちにはめられて」、不登校にいたった中2女子

もともと勝ち気、活発、強情な性格で友達づきあいがへただった。中2の九月に友達五人のグループで塾の先生と旅行に出かける予定だったのが、他の四人が都合で来れなくなり、一人で先生と出かけた。そのことがクラスで話題になり、その頃から登校できなくなった。

十月にその塾をやめたが、その先生とは翌年の二月に肉体関係ができ、それを親しい友人三人に打ち明けたところ、またクラスのうわさになってしまった。学校へ行くまでに「勇気がいる。緊張する」といい、吐き気や頭痛も訴えたが、「学校に行かなくちゃ、このままじゃよくない」と自分にいいきかせて、何か口実をつけては登校しようとした。

しかし、登校は不規則で、家ではイライラした時など母に枕や座布団を投げつけたりした。その一方で、「寂しい、いっしょにいて」と母にべったりし、体に触れたがった。

学校の先生のことは嫌って、「先生が替われば学校へ行ってもよい」などといった。中3の一月には、教頭先生から「学校を休まないと書いたものを持ってこい」といわれて反発した。そのまま同じ高校に進学した方がいいかどうかの迷いや家を出たい気持ちの整理がつかないまま、三月下旬に友人と一人だけの卒業式を行い、同じ高校に進学した。しかし、授業についての不満や友人との衝突がたえず、五月からはほとんど登校できなくなり、結局、翌年の三月に私立高校の通信教育を受けることにして退学した。

異性との無軌道な交遊関係が目立ち、複数の男性とつきあい、無断外泊することもある。最近、妊娠し、自分の意志で中絶した。

親の束縛を嫌い、「家を出て、『お水』関係の職につきたい」と漏らしているが、そういうことに潔癖な母はどうしても受け入れられないで、子どもを手放してしまいたい気持ちにかられるという。

事例4：受験をめぐるいざこざから不登校、過食にいたった高3女子

もともと活発で、素直だが、思いつめるところがある性格。中学の頃から何かプレッシャーがかかると頭痛、肩こり、吐き気などを訴え、扁桃腺をよく腫らしていた。高2の秋頃から生理不順のために婦人科にかかっていた。

高校は私立大学の付属校で、いつもなら成績の上位15%くらいがそのまま進学できていた。しかし、高3の夏休み明けの先生の話では、「今年は上位30%くらいまで大丈夫かもしれない」ということで、本人はちょうどそのぎりぎりのところにいたので、「早く決まって欲しい」という気持ちを持ちつつも、もしそれがだめだった場合のために受験勉強をしていた。九月頃には、よく「疲れた」、「腰が痛い」、「髪の毛が抜ける」などと言い出し、同じ部屋の中3の妹がたてる物音をうるさがり、イライラがつのっていた。十月初めに、先生から「やはり15%までしか進学できない」と告げられた。

ちょうどその頃、昔から相性の良くなかった祖父に日常生活のことで突然どなられたのをきっかけにして、夜涙が止まらないなど、感情のコントロールができなくなってしまった。「勉強のことが頭から離れない、シケンまであと少ししかない」とあせり、「どうしよう」ともがくが、全然覚えられない。「つらくていっそのこと死にたい」などと言い出した。次第に学校へ行く元気がなくなり、家でむしゃくしゃした時など、衝動的に冷蔵庫のものを全部食べてしまうなどの過食が始まった。

（初出　「学校保健研究」☆35より）

2節　学齢期の子どものメンタルヘルス

1　子どもの情緒や問題行動の発達

はじめに

いうまでもなく、子どもは成長発達の途上にあり、健康な面だけでなく、情緒や行動の問題をあらわすさまざまの面においても、生生流転のただ中にあるといっても過言ではないだろう。

ところが、☆36従来のわが国の児童思春期精神医学あるいは発達的精神病理学（developmental psychopathology）は、それらの症状あるいは問題行動の発達面からの実証的な知見に欠けていたといわざるを得ない。そのために、それらの分野における信頼できるデータの活用ができず、臨床でも研究においても、欧米先進国に相当の遅れをとっていたことは否めない。

そこで、筆者は、わが国の学齢期の子どもの情緒や行動の問題の実態を把握して発達的な検討を加えるために、それらの母親に対して大規模な調査を実施したので、簡単に報告したい。

対象と方法

対象者は、千葉県A市内の小学生の約3割にあたる公立小学校三校の児童全員二六八六人（1年四一五人、2年四〇八人、3年四五一人、4年四六三人、5年四八七人、6年四六二人）と、中学生の約4割にあたる公立中学校三校の生徒全員二二六六人（1年七二九人、2年七六五人、3年七七二人）、の母親である。表2-6に回答が得られた対象者の性・学年による分布を示す。

調査方法は以下に説明するラター親用質問紙を含んだ調査用紙を作成して行なった。

その調査用紙を、各学校の担任が教室で児童生徒全員に配布し、自宅に持ち帰ってもらった。調査用紙は無記名で母親に自宅で記入してもらった。こ

●表2-6　対象者の学校・性別と学年

学校・性別＼学年		1年	2年	3年	4年	5年	6年	不明	合計
小学校	男	117	125	167	158	219	199	1	986
	女	112	117	124	171	183	181	2	890
不明		0	0	0	0	0	0	11	11
合計		229	242	291	329	402	380	14	1887
中学校	男	296	351	325	―	―	―	3	975
	女	293	330	320	―	―	―	2	945
不明		21	13	12	―	―	―	40	86
合計		610	694	657	―	―	―	45	2006

こで、記入者を母親に限定したのは、子どもに日頃身近に接している母親の方が父親よりも子どものことについてよく知っているだろうと推測したからである。記入し終わった調査用紙は封筒に密封して、再び児童生徒に担任まで届けてもらい、教室で回収した。実施時期は、小学校が一九九四年十月上旬の一週間、中学校が一九九三年十一月下旬の一週間であった。回収率は、小学校が70・3%、中学校が88・5%であった。

なお、家庭に調査用紙が届けられた時点で、母親がいない児童生徒は対象者から外れたが、その人数は把握できなかった。また、調査期間中に学校を欠席していた児童生徒に対しては、できるだけ担任や他の児童生徒に調査用紙を家庭まで届けてもらうように依頼した。

〈ラター質問紙について〉

1. ラター質問紙の開発

英国のラター[☆37]は、学校の教師が素早く記入できて、信頼性と妥当性を有する短い質問紙の必要性を痛感した。それは、学校における子どものさまざまなタイプの行動と情緒の障害を区別し、障害を呈する子どもと呈しない子どもを識別できるものでなければならなかった。当時すでにいくつかの優れた尺度があったが、それらは、診断的区別や妥当性の検証不足、分量の過多、前思春期の子ども向きでない、などの不便さがあった。そのため、七歳から十三歳までの子どもを対象にした調査などの複雑な手続きを経て、二十六項目よりなるラター教師用質問紙が開発された[☆37]。また、三十一項目よりなるラター親用質問紙は、教師用質問紙と並行して同様の手順で開発された。親用質問紙と教師用質問紙との共通項目は二十三ある。

2．ラター親用質問紙の構成

表2-7に、本調査で使用したラター親用質問紙の日本語訳[☆38]（以後、単にラター質問紙と呼ぶ）を示す。ラター質問紙は次の三部で構成されている。

第一部は、八項目（「1．頭痛」～「8．理由なく学校を休む」）である。原法では、各項目について、「昨年は全くなし」、「一か月に一度以下」、「一か月に少なくとも一度」、「一週間に少なくとも一度」と、四段階の頻度で尋ねていた。が、修正版では、「ない」、「少しある」、「よくある」の三段階評価になり、それぞれ0点、1点、2点を与える。

第二部は、五項目（「9．どもる、口ごもる」～「13．睡眠の問題」）である。各項目の行動や症状の程度あるいは頻度を三段階で評価するが、原法ではそれぞれにさらにこまかい質問が付け加えられている。

第三部は、十八項目（「14．落ち着きがない」～「31．いじめる」）である。子どもの行動に関する短い記述について、「あてはまらない」、「ややあてはまる」、「よくあてはまる」の三段階で評価し、それぞれ0点、1点、2点を与える。

3．ラター親用質問紙の得点

以上より、ラター質問紙の得点範囲は、0点から62点となる。

有障害のカットオフポイント（区分点）は、臨床例と非臨床例の比較検討により、親用質問紙では13点に設定された（教師用質問紙では9点）。

●表2-7　ラター親用質問紙☆38

以下の項目はお子さんの行動についておききするものです。

この一年間に，各質問にあてはまる行動が確実にみられた場合は，「よくある」または「よくあてはまる」に，より程度が弱いか，より少ない場合は，「少しある」または「ややあてはまる」に，また、お母さんからみてそのような行動がみられなかった場合には，「ない」または「あてはまらない」に，ひとつだけ○をつけてください。

	ない	少しある	よくある
1. 頭痛を訴える	1	2	3
2. 腹痛がある，あるいはおう吐する	1	2	3
3. Nぜん息がある	1	2	3
4. 夜尿がある，あるいは日中おしっこをもらす	1	2	3
5. 大便をもらす	1	2	3
6. かんしゃくをおこす	1	2	3
7. N登校時に泣く，あるいは学校の中に入るのをいやがる	1	2	3
8. 理由なく学校を休む	1	2	3
9. どもる	1	2	3
10. ほかに，話し方に問題がある	1	2	3
11. Aものを盗ったことがある	1	2	3
12. 好き嫌い，食べない，食べ過ぎるなど，食事の問題がある	1	2	3
13. N寝つきが悪い，夜中に目をさます，朝早く目をさますなど，睡眠の問題がある	1	2	3

	あてはまらない	ややあてはまる	よくあてはまる
14. とても落ち着きがない，しばしば走り回ったり，とびはねたりする。じっとしていることがほとんどない	1	2	3
15. もじもじ，そわそわしている	1	2	3
16. Aしばしば自分や人の持ちものをこわす	1	2	3
17. しばしばほかの子とけんかする	1	2	3
18. ほかの子に好かれていない	1	2	3
19. N心配症で，しばしばいろいろなことを悩む	1	2	3
20. 一人で物事をする。一人ぼっちの傾向がある	1	2	3
21. いらいらしている。すぐにおこりだす	1	2	3
22. しばしばみじめそうな様子をみせたり，涙ぐんだりする	1	2	3
23. 顔をしかめたり，体をピクピクさせたり，チックがある	1	2	3
24. しばしば指しゃぶりをする	1	2	3
25. しばしば爪かみをする	1	2	3
26. Aしばしば親のいうことに従わない	1	2	3
27. 注意を集中できない	1	2	3
28. N新しい物事や状況をおそれたり，心配したりする	1	2	3
29. とるにたらないことを騒ぎたてる	1	2	3
30. Aしばしばうそをつく	1	2	3
31. Aほかの子をいじめる	1	2	3

N=Neurotic　　A=Antisocial

ラター[☆39]は、二つの大きな臨床的カテゴリーである神経症性障害と反社会性障害を区別するために、ラター質問紙に神経症と反社会の下位スコアを設けた。

神経症項目は、表2-7でN（=Neurotic）をつけた、「3．ぜん息」、「7．登校時に泣く」、「13．睡眠の問題」、「19．心配症」、「28．こわがる」の五項目である。

反社会項目は、表2-7でA（=Antisocial）をつけた、「11．盗む」、「16．物をこわす」、「26．従わない」、「30．うそをつく」、「31．いじめる」の五項目である。ラター親用質問紙によって神経症性障害と反社会性障害の子どもを選択するには、次の二段階の手順をふむ。

第一に、ラター質問紙の得点が13点以上の子どもは、「有障害」とみなす。

第二に、そのうち神経症得点が反社会得点より多い子どもを神経症的（neurotic）とし、逆に、反社会得点が神経症得点より多い子どもを反社会的（antisocial）とする。ただし、両者の得点が同一の子どもは混合的（mixed）とする。

結果とコメント

本調査でのラター質問紙の各項目の陽性率（出現頻度）について、英語を翻訳する際の微妙な難かしさに触れ[☆40]、原本の結果と照合しながら男女別の経年的変化を検討する。ところで、小学校高学年と中学校では回収率が80%以上であったのに対して、小学校低学年では60%に満たなかった。つまり、小学校低学年ではデータそのものの信頼性が相対的に薄れているので、細かい数字の大小をあまり神経質に解釈せずに、ごくおおまかに経年的変化の特徴をみることにする。

（1）頭痛

原本では"Complains of headache"であり、「頭痛を訴える」と訳されている。

図2-3には、全体の回答のうち、「少しある」または「よくある」に○をつけた回答率、つまり陽性率を示している。図2-3から次のような特徴が読める。

第一に、学年差はあまりなく、陽性率はほとんどが20～30%の範囲にとどまっていた。これを、やや右上がりの「横ばい型」と呼ぶことにする。あるいは年齢非依存的といえるだろう。

第二に、小5（男女比の値は0・71、以下同様に表示する）以前では女子の方が多かったが、小6以降では性差はほとんどなかった。ラターらによるイギリス海峡のワイト島での十歳から十二歳の子どもにおける調査☆41（以後、ワイト島調査と呼ぶ）では、陽性率は、男子11・2%、女子12・1%であり、性差はなかった。

（2）腹痛

原本では"Has stomachache or vomiting"であり、「腹痛を訴える、またはおう吐する」と訳されている。これを直訳すれば、「胃痛、またはおう吐が

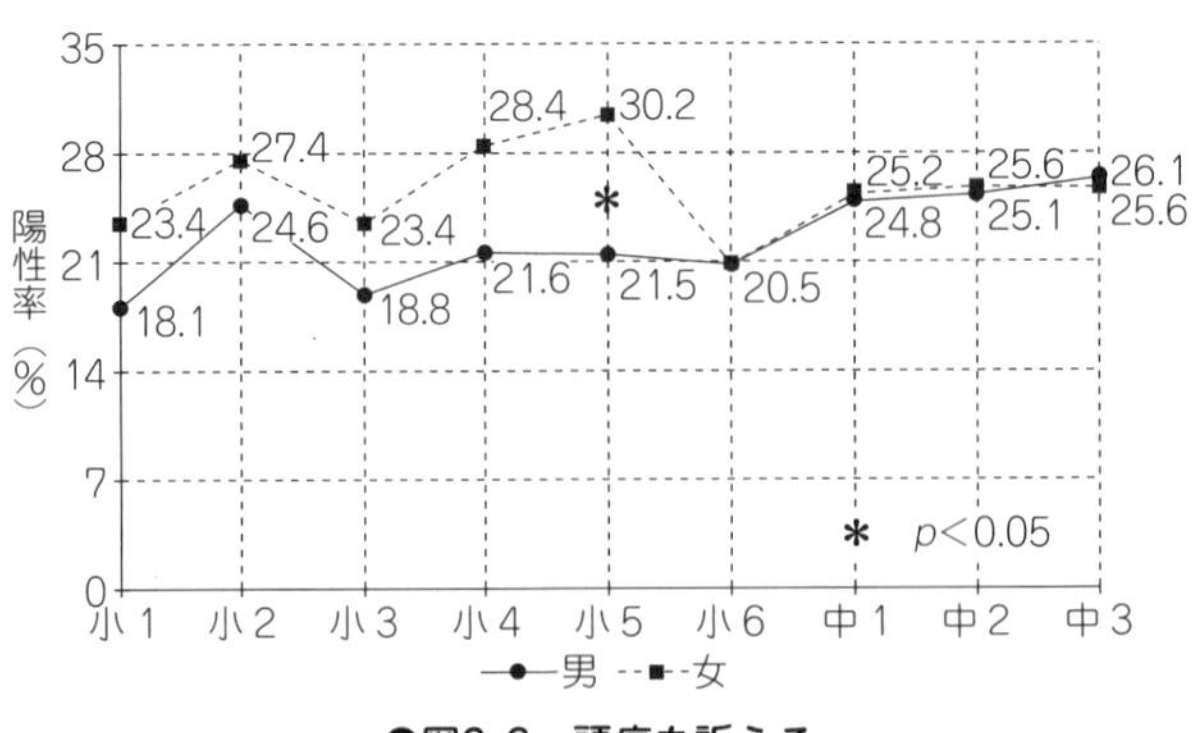

●図2-3　頭痛を訴える

ある」であるが、要するに、上部消化管症状を意味し、下痢を代表格とする下部消化管症状ではない。腹痛のことは英語ではふつう“abdominal pain”といい、胃痛はもとより、下部消化管症状も含まれる。したがって、本調査の邦訳では、この項目の対象者を広くとってしまったかもしれない。つまり、「胃痛」と「腹痛」による違いである。図2-4から次のような特徴が読める。

第一に、学年差があまりなく、小4以降は陽性率が15~25%の範囲にとどまっていた。つまり、年齢非依存的で、やや右下がりの「横ばい型」といえる。

第二に、小5までは女子の方が多かったが、小6、中1と逆転し、再び中3で女子が多くなった。しかし、全学年を通じて性差があるとはいえなかった。ワイト島調査では、男子3・6%、女子6・2%と女子優位であった。これを「腹痛」とすれば、もっと全体的な頻度が多くなったかもしれない。

(3) ぜん息（N）

原本では“Complains of biliousness”となっていたが、修正版で“Has asthma or wheezing”となった。「ぜん息がある」と訳されている。この項目はラターが定義した神経症項目のひとつである。図2-5から次のような特徴が読める。

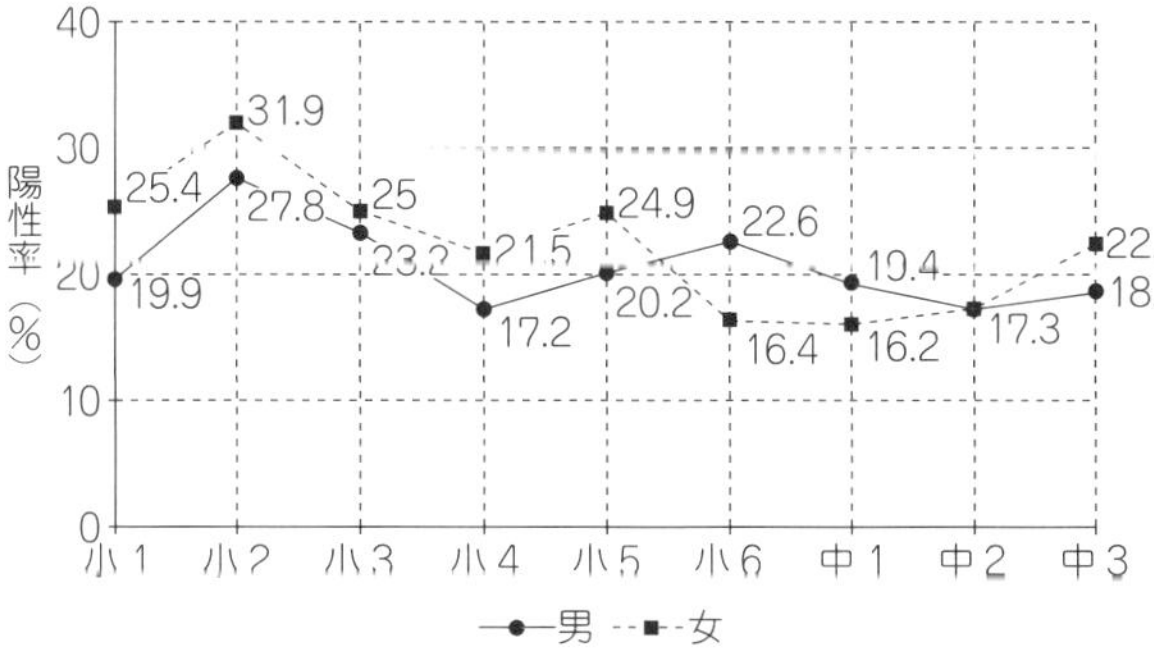

●図2-4　腹痛がある，あるいは嘔吐する

第一に、おおまかにいって、陽性率が学年につれてしだいに減少する傾向があった。つまり、年齢依存的で、なだらかな「右下がり型」といえる。

第二に、全学年を通じて男子が多く、明らかな性差がみられた。小5（2・1）と小6（2・4）では有意差があった。つまり、「ぜん息」は男子優位の疾患といえる。ワイト島調査では、「ぜん息」を、「喘鳴（ゼーゼー音）が聴ける発作性呼吸困難」と定義し、調査前の十二か月間に少なくとも一回発作があったものとしている。十歳から十二歳の子ども三二七一人のうち七十六人（男四十三人、女三十三人）、すなわち2・3％に「ぜん息」を認めた。そこでも男子優位であった。

（4）尿失禁

原本では"Wets his/her bed or pants"であり、「夜尿がある、あるいは日中おしっこをもらす」と訳されている。ここでは「おねしょ」と「おもらし」としておこう。図2-6から次のような特徴が読める。

第一に、陽性率が学年につれて急激に減少し、小1では10％を超えていたのに、中学生では1％前後しかみられなくなった。つまり、年齢依存的で、急峻な「右下がり型」といえる。

第二に、小2以外の小学生ではやや男子が多く、小5（5・0）では有

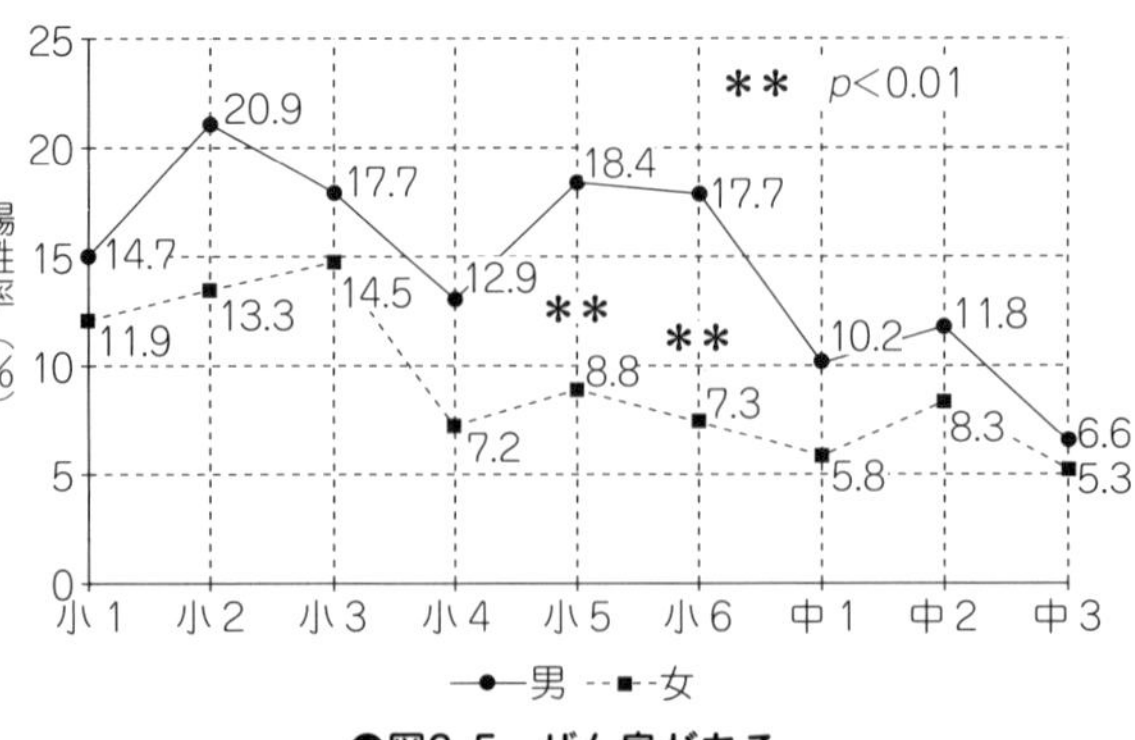

●図2-5　ぜん息がある

意差があった。しかし、中学生では性差はほとんどなかった。ワイト島調査では年齢につれて減少し、また一か月に少なくとも一度「おもらし」をしたのが、男子4・3%、女子2・4%とやはり男子優位であった。

（5）便失禁

原本では"Soil him/herself or lose control of bowels"であり、「大便をもらす」と簡潔に訳されている。図2-7から次のような特徴が読める。

第一に、陽性率が学年につれて減少して、中学生では1%に満たなくなった。つまり、年齢依存的で、男子では急峻な「右下がり型」、女子ではなだらかな「右下がり型」とい

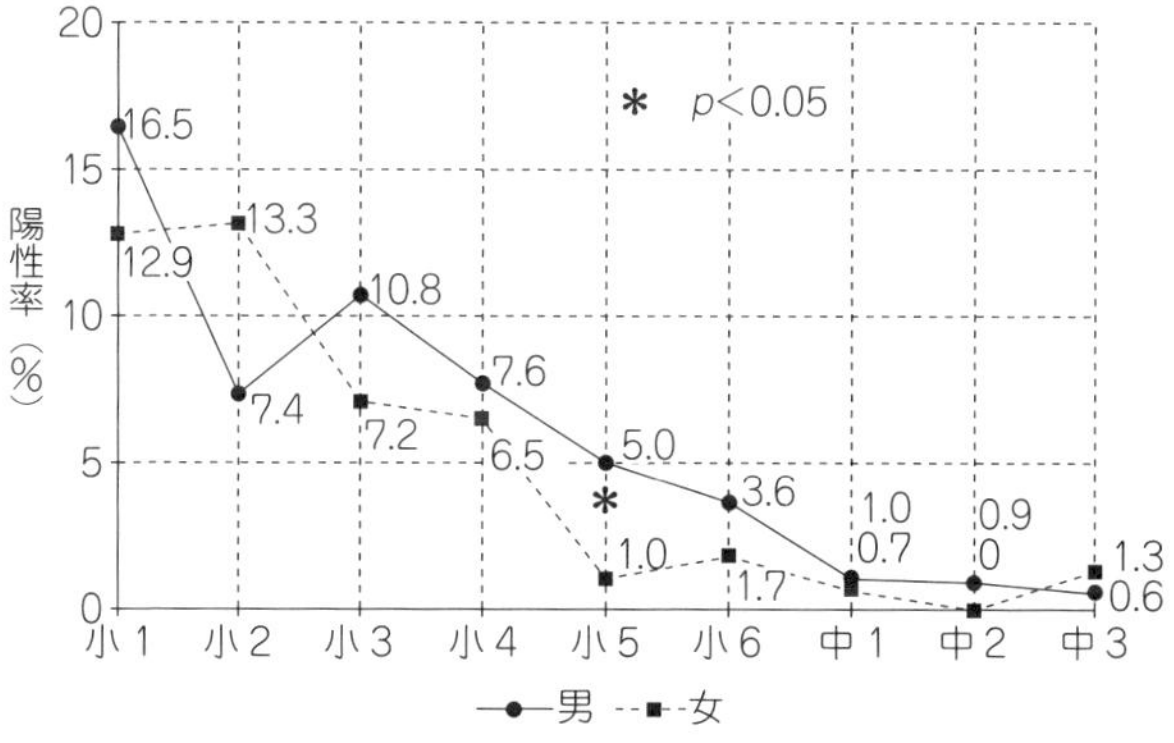

●図2-6　夜尿がある，日中おしっこをもらす

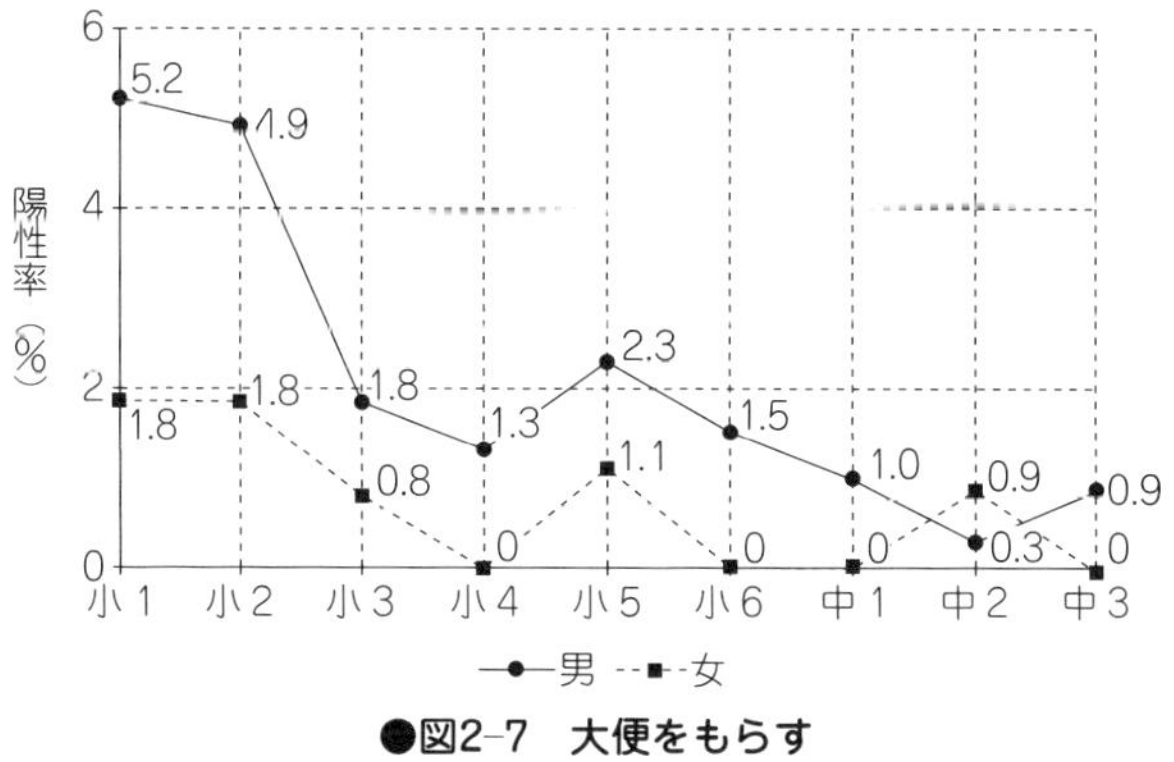

●図2-7　大便をもらす

える。

第二に、中2以外の学年では明らかに男子が多かった。つまり、前問の「遺尿」と同様に、男子優位といえる。ワイト島調査でも、一か月に少なくとも一度「大便をもらした」のが、男子1・3％、女子0・3％とやはり男子優位であった。

（6）かんしゃく

原本では"Has temper tantrums (that is, complete loss of temper with shouting, angry movements, etc)"であり、「かんしゃくをおこす」と簡潔に訳されている。図2–8から次のような特徴が読める。

第一に、おおまかにいって、陽性率が学年につれて徐々に減少する傾向があった。つまり、年齢依存的で、なだらかな「右下がり型」といえる。

第二に、全体的にやや男子優位であったが、学年によってまちまちで、小6では男子が多く、中1では女子が多くなり、中2、3では再び男子が多くなった。ワイト島調査では、一週間に少なくとも一度「かんしゃく」をおこした子どもの頻度は、4・7％（十歳）、3・1％（十一歳）、2・6％（十二歳）となだらかな「右下がり型」であり、全体では男子4・4％、女子2・5％とやや男子優位であった。

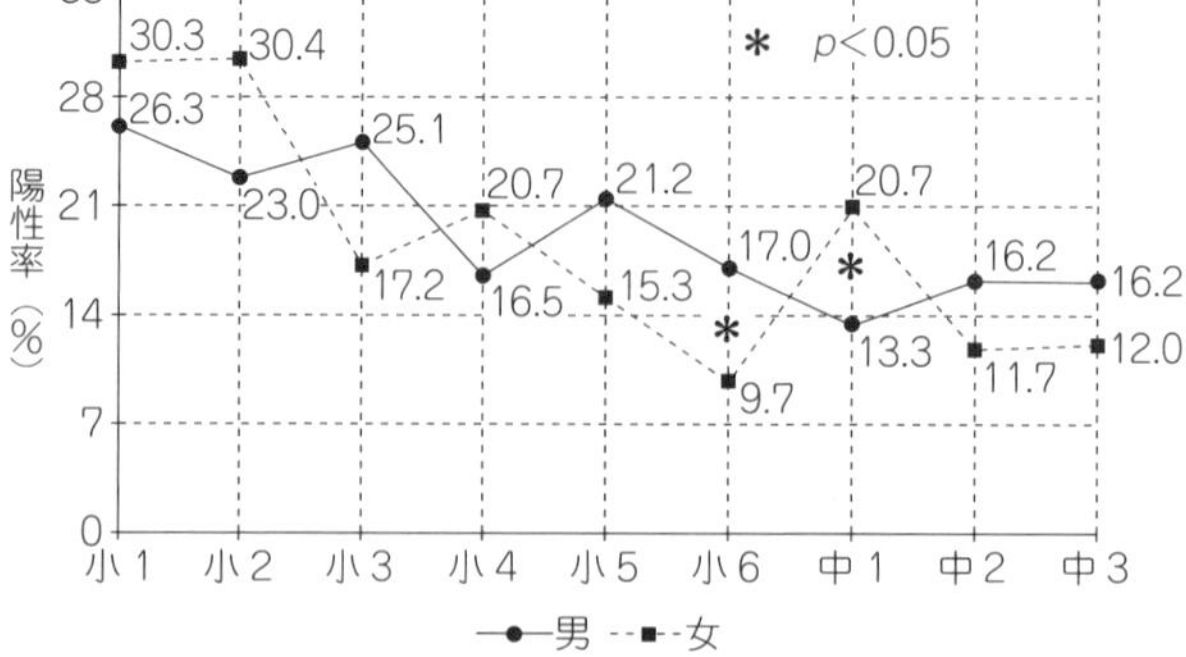

●図2–8　かんしゃくをおこす

（7）登校時に泣く（N）

原本では“Had tears on arrival at school or refused to go into the building”であるが、「登校時に泣く、あるいは学校の中に入るのをいやがる」と訳されている。厳密にいえば、前半の部分は「学校に到着した時に泣く」という意味である。邦訳の「登校時に泣く」というのは、家の玄関を出る時、登校途中、あるいは校門到着時のいずれかを区別していない。ちなみに、この項目は神経症項目のひとつである。

ところで、日本の不登校、特に登校にあたっての不安や葛藤が強いタイプでは、家の玄関を出るまでにさまざまな身体症状や情緒的反応を出しやすいのが特徴である。それに対して、「学校の中に入るのをいやがる」タイプは、むしろ母親との分離に際しての不安や恐怖が強いタイプであり、どちらかというと欧米の古典的な学校恐怖症[☆27]を想定しているように思われる。この辺りは微妙な部分であり、簡単な表現の差異とはいえ、その意味内容を比較文化的に吟味したうえでないと、日欧のデータを比較することはむずかしい[☆28☆42]。図2-9から次のような特徴が読める。

第一に、小1から小5くらいまでは学年につれて陽性率が急激に減少したが、小6以降はだいたい1～3%の範囲にとどまっている。つまり、小学生では年齢依存的で急峻な「右下がり型」、中学生では「横ばい型」といえ

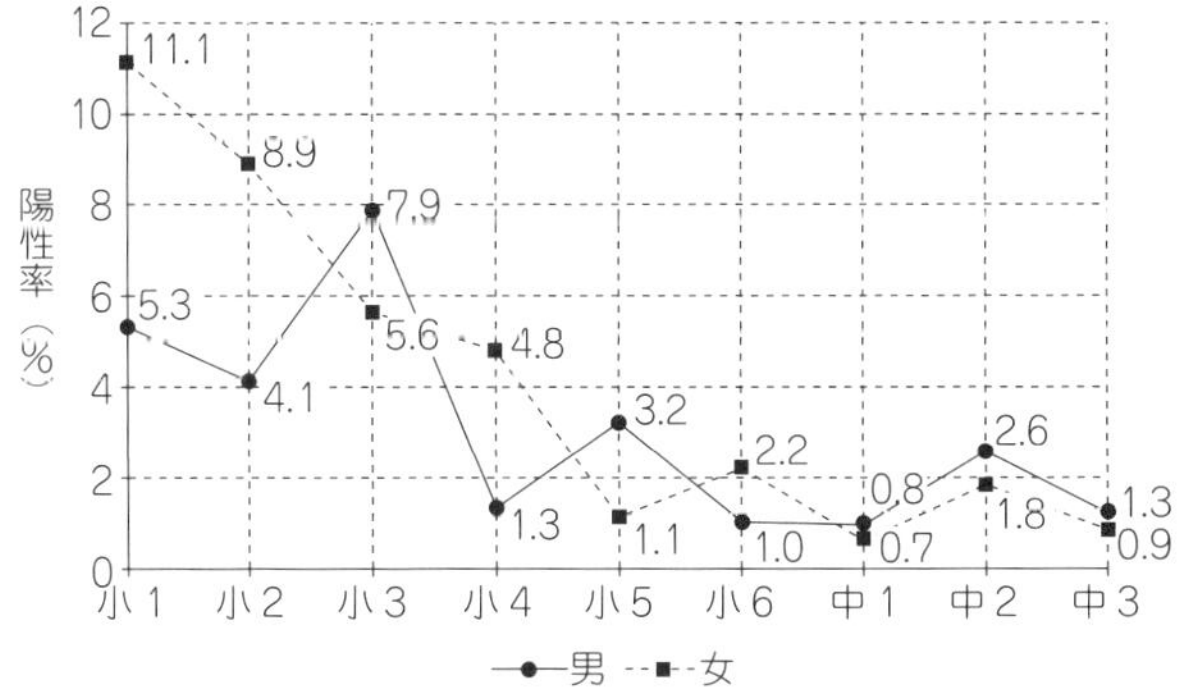

●図2-9　登校時に泣く，学校に入るのをいやがる

る。

第二に、小学生では性差がまちまちであったが、中学生になると性差があまりなくなった。小学校低学年での回収率が低くデータの信憑性がやや落ちることを考慮すると、性差があるとは積極的にはいえないだろう。ワイト島調査でも、男子25・2%、女子24・8%と性差はなかった。

(8) 学校を休む

原本では"Truants from school"であり、「理由なく学校を休む」と訳されている。英語のニュアンスからいえば"truant"は「ずる休み、サボリ」に相当するので、前問で分離不安に起因する学校恐怖症を尋ねたのに対して、この問いではむしろ非行としての怠学を問題にしたのであろう。したがって、この訳によれば怠学の他に、登校拒否(school refusal)、あるいはより広い意味の不登校(school nonattendance)も含まれることになる。図2-10から次のような特徴が読める。

第一に、小学校中学年から高学年にかけては陽性率が3・0%(小3男)から1・0%(小6男)の範囲でやや減少したが、中学生では中2をピークとして比較的急激に増加した。つまり、年齢依存的であり、小学生ではなだらかな「右下がり型」、中学生では単一ピークを持つ急峻な「右上がり型」

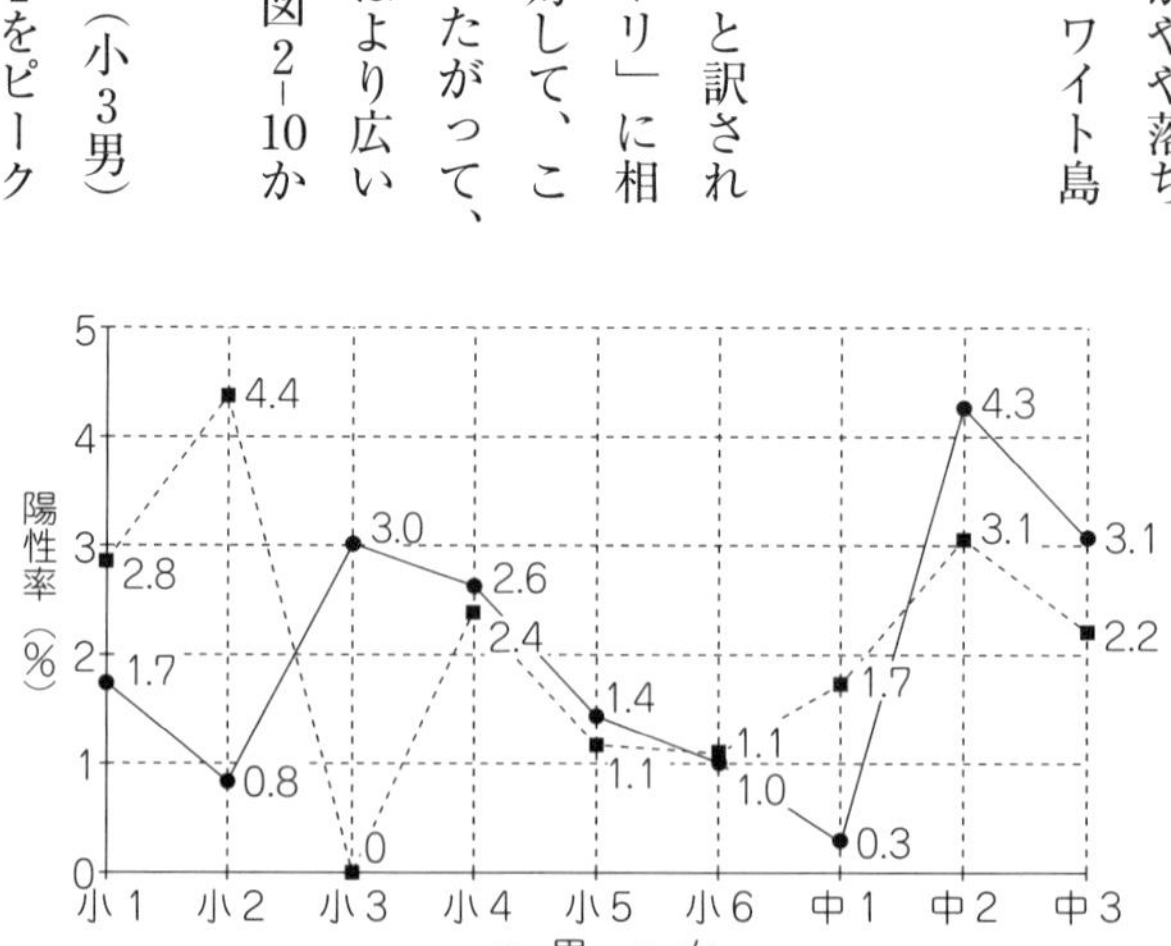

●図2-10 理由なく学校を休む

といえる。

第二に、性差は必ずしも明らかではないが、小5頃から男子が女子に一年くらい遅れてついて行き、中2で追いつき追い抜くようにみえる。つまり、男女に位相のずれがあるように思われる。

ところで、本調査の不登校に関するデータ[☆43☆44]によれば、「さしたる理由がないか、あるいは心理的な理由により」一日以上学校を欠席した児童生徒は、小学生約12%、中学生約13%と小中でほとんど差がなかった。しかし、欠席率が11%以上の範囲では、小学生は比較的少なかったが、中学生になると学年につれて人数が増す傾向があった。また、小学生では中学生ほど不登校に特異的な情緒や行動の問題が見出しづらかったが、将来不登校になり得る可能性を秘めた児童が約1割いることがうかがえた。

(9) どもる

原本では"Does he/she stammer or stutter?"であり、「どもる」と訳されている。"stammer"は興奮・当惑・恐怖などのためにどもること、"stutter"は習慣的にどもることなので、そのままの簡潔な邦訳といえる。図2-11から次のような特徴が読める。

第一に、性・学年によってばらつきはあるが、小4までは陽性率が4・

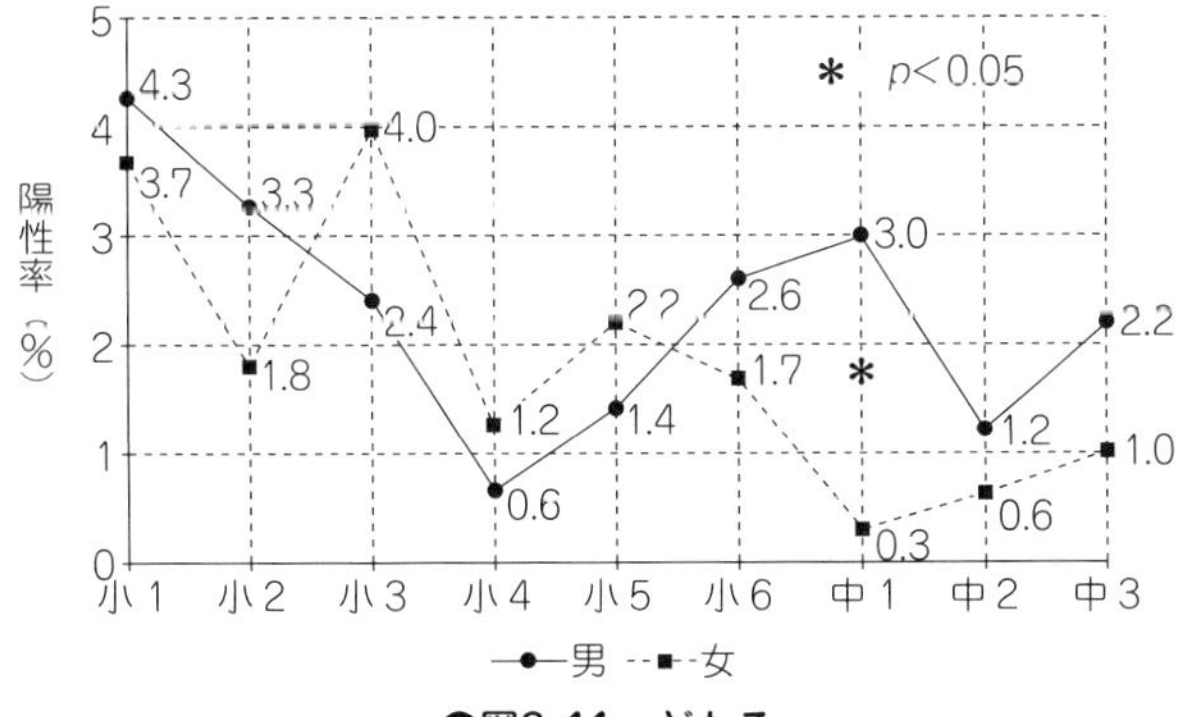

●図2-11　どもる

3％（小1男）から0・6％（小4男）の範囲で減少し、それ以降は3・0％（中1男）までの範囲でなだらかな増・減・増を示した。つまり、年齢依存的であり、小4まではやや急峻な「右下がり型」、それ以降は山谷の二相性ピークを持つ「横ばい型」といえる。

第二に、小1、2では男子が多く、それ以降小5までは女子が多く、小6以降は明らかに男子が多かった。中1（10・0）では有意差があった。つまり、思春期になると「どもる」のは男子優位といえる。ワイト島調査でも、男子3・4％、女子1・5％とやはり男子優位であった。

（10）話し方に問題

原本では“Has he/she any difficulty with speech other than stammering or stuttering?”であり、「ほかに、話し方に問題がある」とほぼそのまま訳されている。図2-12から次のような特徴が読める。

第一に、全体にばらつきはあるが、小学校中学年からは陽性率があまり変わらなかった。つまり、年齢には比較的依存しない「横ばい型」といえる。

第二に、小2と中2以外で男子が多く、小1（4・8）と中3（4・4）では有意差があった。つまり、「どもる」と同様に男子優位といえる。ワイト島調査でも、男子6・2％、女子4・0％とやはり男子優位であった。こ

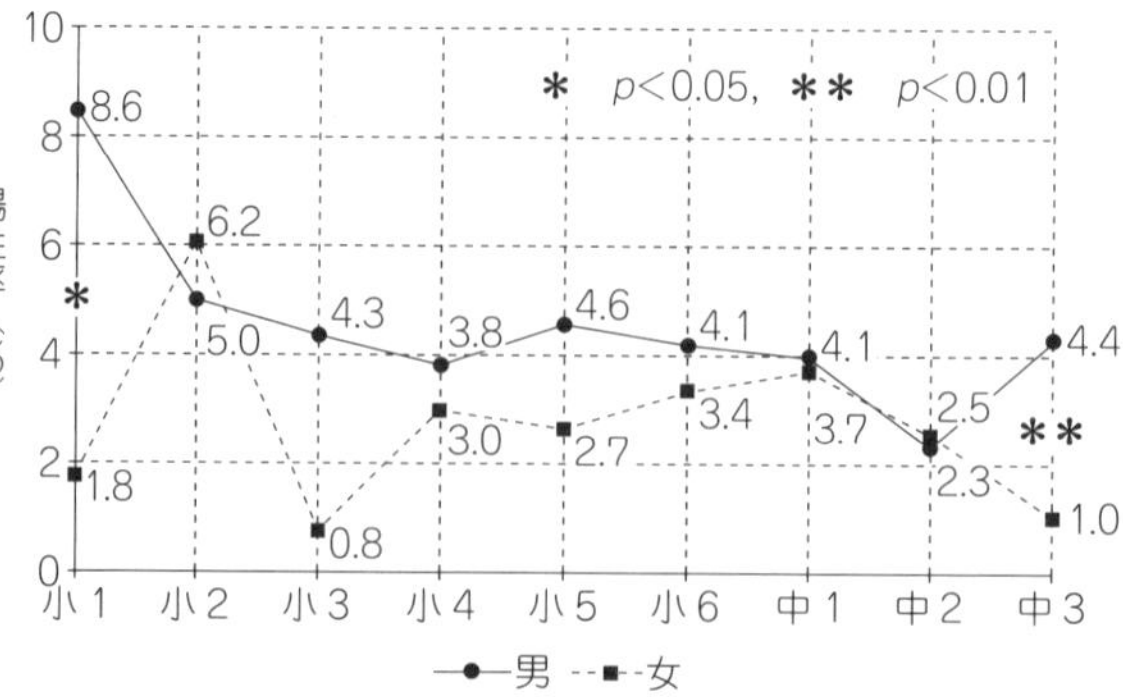

●図2-12　ほかに，話し方に問題がある

の質問は、舌のもつれ、発音の問題など、いろいろな話し方の問題を含んでいる。特に、明瞭な発音困難は知能の低さと関連があったという。

（11）盗む（A）

原本では"Does he/she ever steal things?"であり、「ものを盗ったことがある」と訳されている。英語は現在形の肯定疑問文なので、「ものをいつも盗りますか?」と訳した方がいいのではないだろうか。その答えのＹｅｓを選んだ場合、何を、どこで、だれと盗るか、さらにこまかい質問がある。この項目はラターが定義した反社会項目のひとつである。図2–13から次の特徴が読める。

第一に、全体的にばらつきはあるが、小学校低学年で陽性率が徐々に増加し、中学年から徐々に減少したが、中学生になってからは緩やかな増加に転じた。つまり、年齢依存的で、小学校中学年以降はなだらかな「右下がり型」、中学生ではなだらかな「右上がり型」といえる。

第二に、性差は小1、2では明らかでなかったが、小3以降は男子が多く、小3（3・3）、小6（3・3）、中1（4・4）、中2（3・3）では有意差があった。ワイト島調査でも、男子5・7%、女子2・7%とやはり男子優位であった。

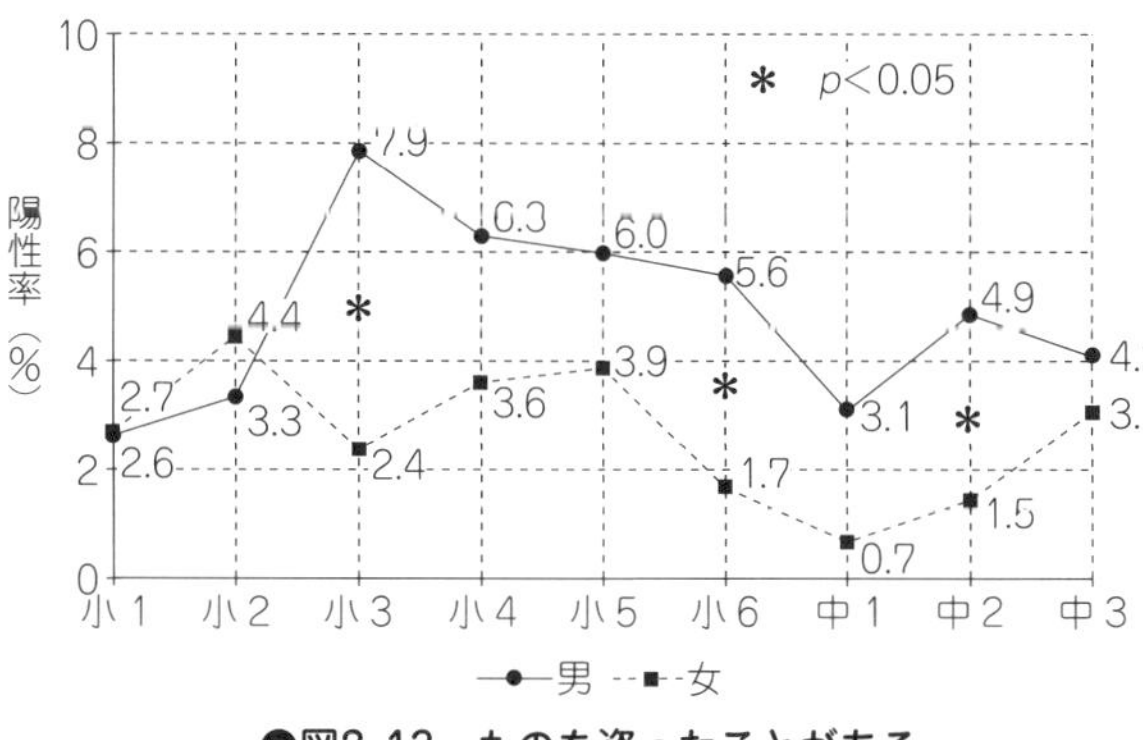

●図2–13　ものを盗ったことがある

（12）食事の問題

原本では"Does he/she have any eating difficulty?"であり、「好き嫌い、食べない、食べ過ぎるなど、食事の問題がある」と訳されている。ここでは逆に原本でのこまかい質問を最初から含めている。「食事の問題」の範囲を規定しているのでかえって答えやすかったかも知れない。しかし、このようなおおまかな質問では、拒食、過食、異食などの食行動の異常は特定できない。この質問の陽性回答者の多くは、おそらく日常的なごく軽い食事習慣の乱れをチェックしたものであろう。図2-14から次の特徴が読める。

第一に、全体的に陽性率が38・2％（小1男）から16・4％（小6女）と高く、小学生では学年につれて徐々に減少したが、中学生ではあまり変化がなかった。つまり、年齢依存的で、小学生ではなだらかな「右下がり型」、中学生では「横ばい型」といえる。

第二に、すべての学年で男子が多く、小6（1・9）では有意差があった。ワイト島調査では、年齢につれて減少したが、男子19・4％、女子20・0％と性差はなかった。

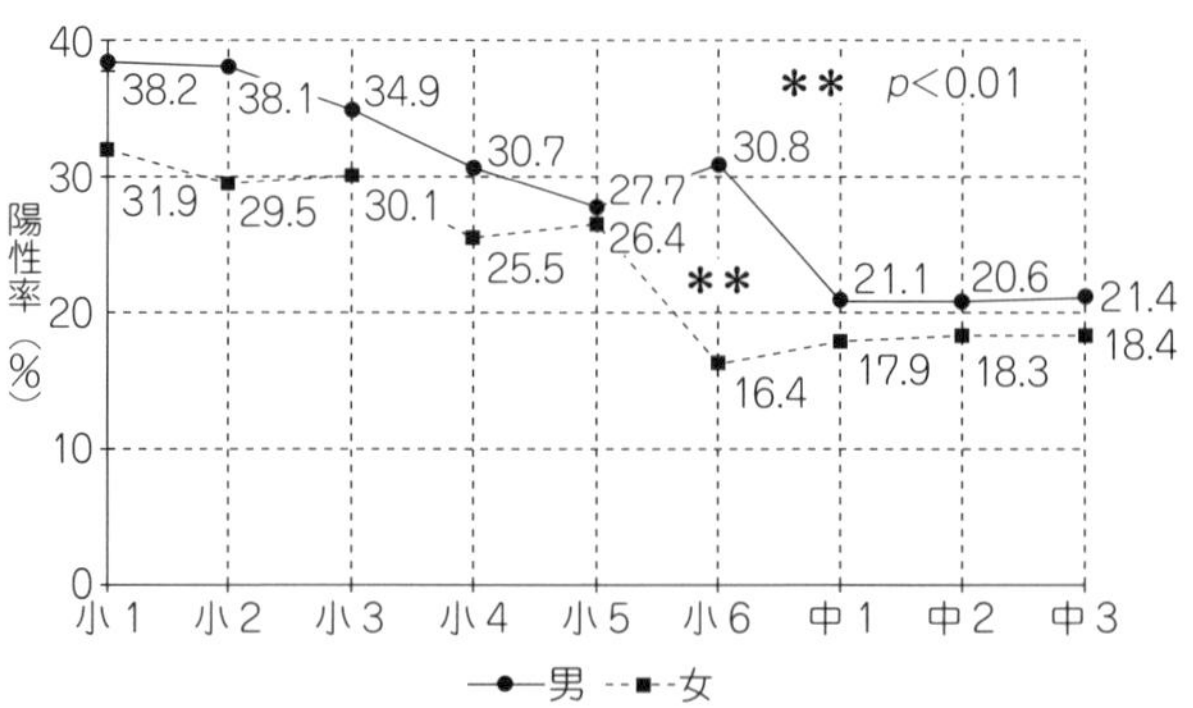

●図2-14　食事の問題（好き嫌いや量）がある

（13）睡眠の問題（N）

原本では"Does he/she have any sleeping difficulty?"であり、「寝つきが悪い、夜中に目をさます、朝早く目をさますなど、睡眠の問題がある」と前問と同様の配慮をもって訳されている。また、このような質問では、夜驚症、夢中遊行、悪夢などの睡眠の異常は特定できないだろう。ちなみに、この項目は神経症項目のひとつである。図2–15から次の特徴が読める。

第一に、全体にばらつきはあるが、小学生では陽性率が学年につれて徐々に減少したが、中学生では増加に転じた。つまり、年齢依存的で、小学生ではなだらかな「右下がり型」、中学生ではなだらかな「右上がり型」といえる。

第二に、性差は必ずしも明らかではないが、小4（0・46）では女子が有意に多かった。ワイト島調査では、男子16・2％、女子19・7％と性差はなかった。

（14）落ち着きがない

原本では"Very restless. Often running about or jumping up and down.Hardly ever still"であり、「とても落ち着きがない、しばしば走り回ったり、とびはねたりする。じっとしていることがほとんどない」とほぼ

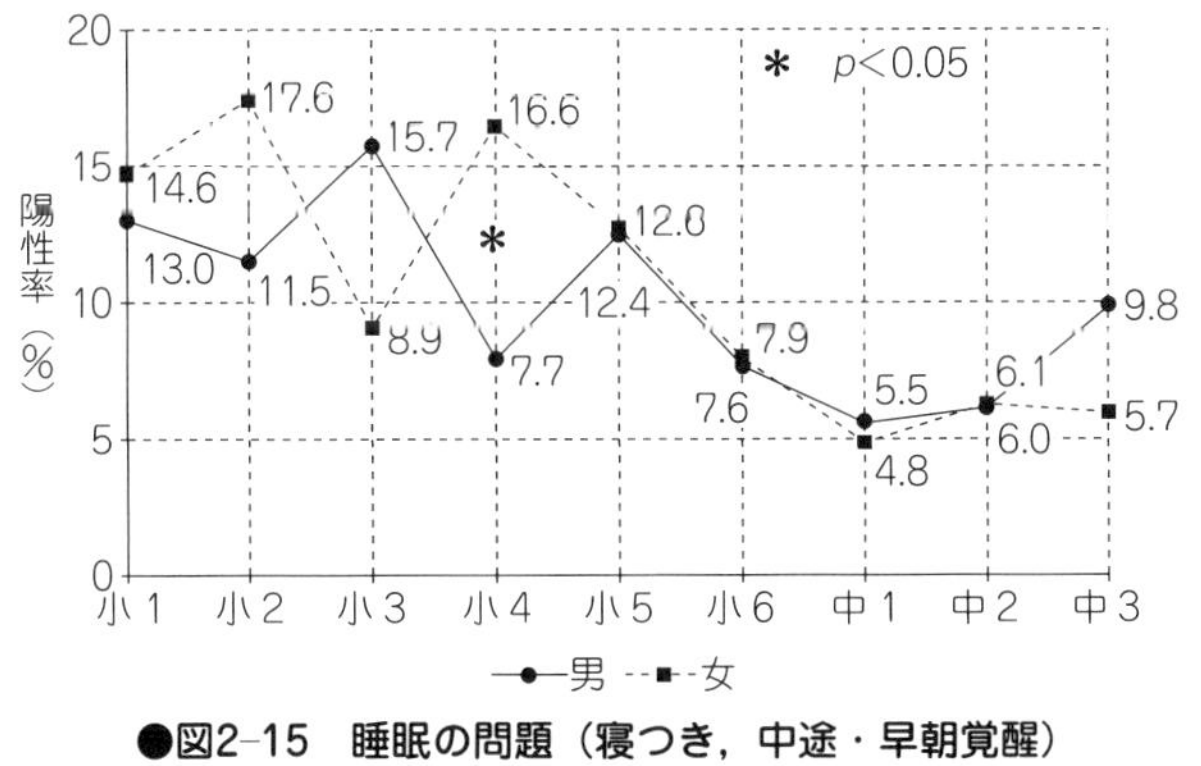

●図2–15　睡眠の問題（寝つき，中途・早朝覚醒）

そのまま訳されている。この質問は、多動性障害（Hyperkinetic Disorders：ICD‐10[☆45]）の過活動性（Hyperactivity）を主に尋ねたものである。図2‐16から次のような特徴が読める。

第一に、小学生では陽性率が学年につれて比較的急激に減少したが、中学生ではあまり変化がなかった。つまり、小学生では年齢依存的でやや急峻な「右下がり型」、中学生では「横ばい型」といえる。

第二に、すべての学年で男子が多く、小3（5・9）、小6（3・6）、中1（3・0）、中2（3・4）、中3（2・6）では有意差があった。ワイト島調査でも年齢につれて減少し、男子32・0%、女子25・5%とやはり男子優位であった。

(15) もじもじ

原本では“Squirmy, fidgety child”であり、「もじもじ、そわそわしている」とそのまま訳されている。図2‐17から次のような特徴が読める。

第一に、前問と同様に、小学生では陽性率が学年につれて比較的急激に減少したが、中学生ではあまり変化がなかった。つまり、小学生では年齢依存的でやや急峻な「右下がり型」、中学生では「横ばい型」といえる。

第二に、すべての学年で男子が多かった。ワイト島調査でも、男子14・

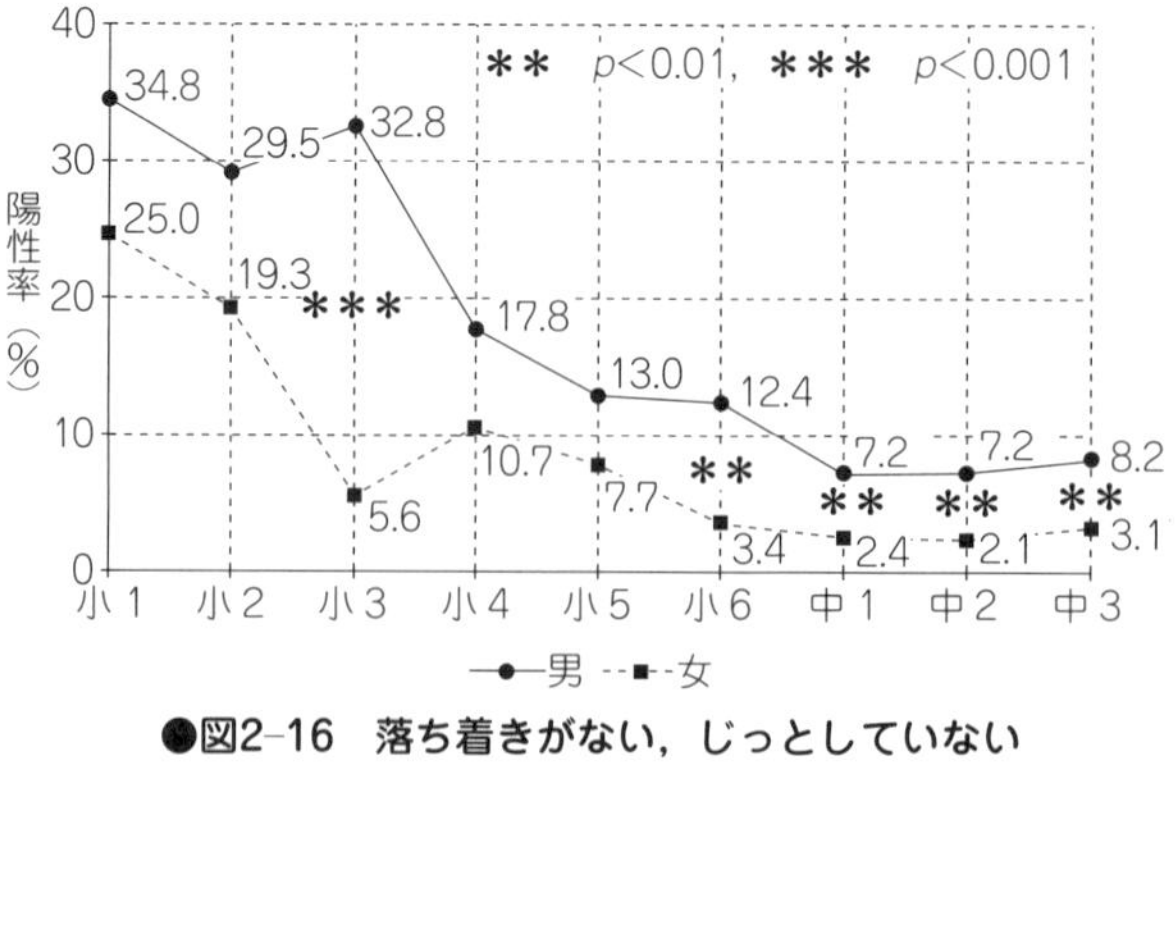

●図2–16　落ち着きがない，じっとしていない

4％、女子9・8％とやはり男子優位であった。

(16) 物をこわす (A)

原本では"Often destroys own or others' belongings"であり、「しばしば自分やひとの持ちものをこわす」とそのまま訳されている。ちなみに、この項目は反社会項目のひとつである。図2-18から次のような特徴が読める。

第一に、小学校中学年までは学年につれて陽性率が徐々に減少したが、それ以降、中学生になると男子では徐々に増加し、女子ではあまり変化がなかった。つまり、年齢依存的で、なだらかな「右下がり型」(小学中学年まで)、「横ばい型」(女子)、なだらかな「右上がり型」(中学男子)といえる。

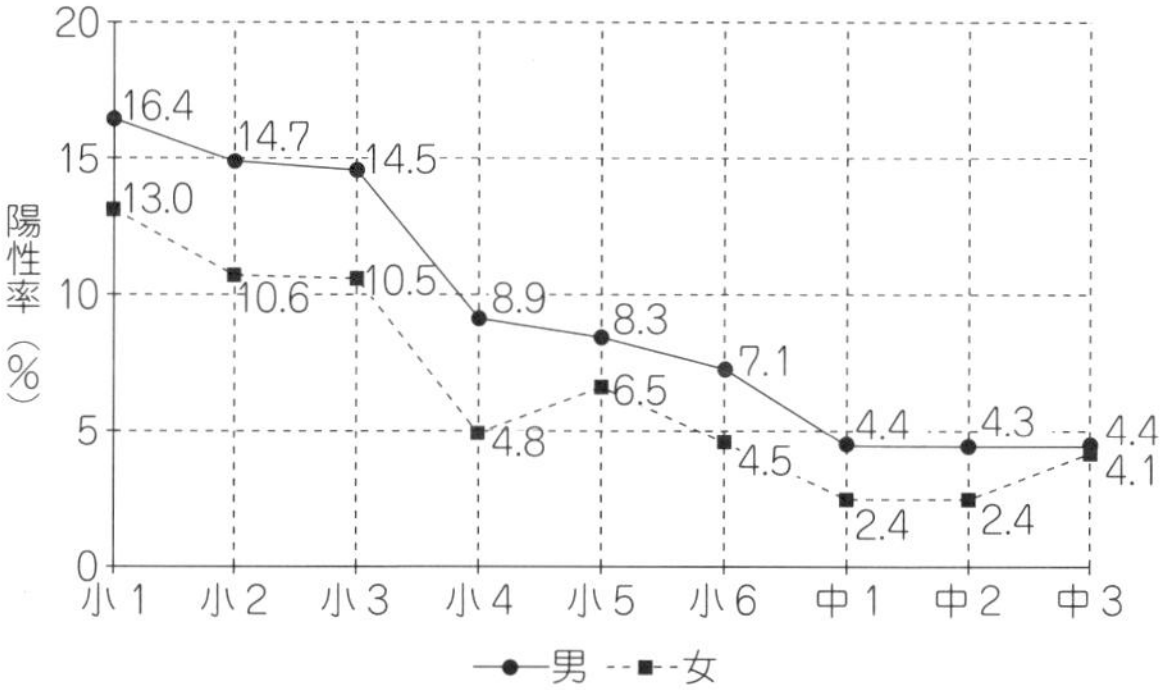

●図2-17　もじもじ，そわそわしている

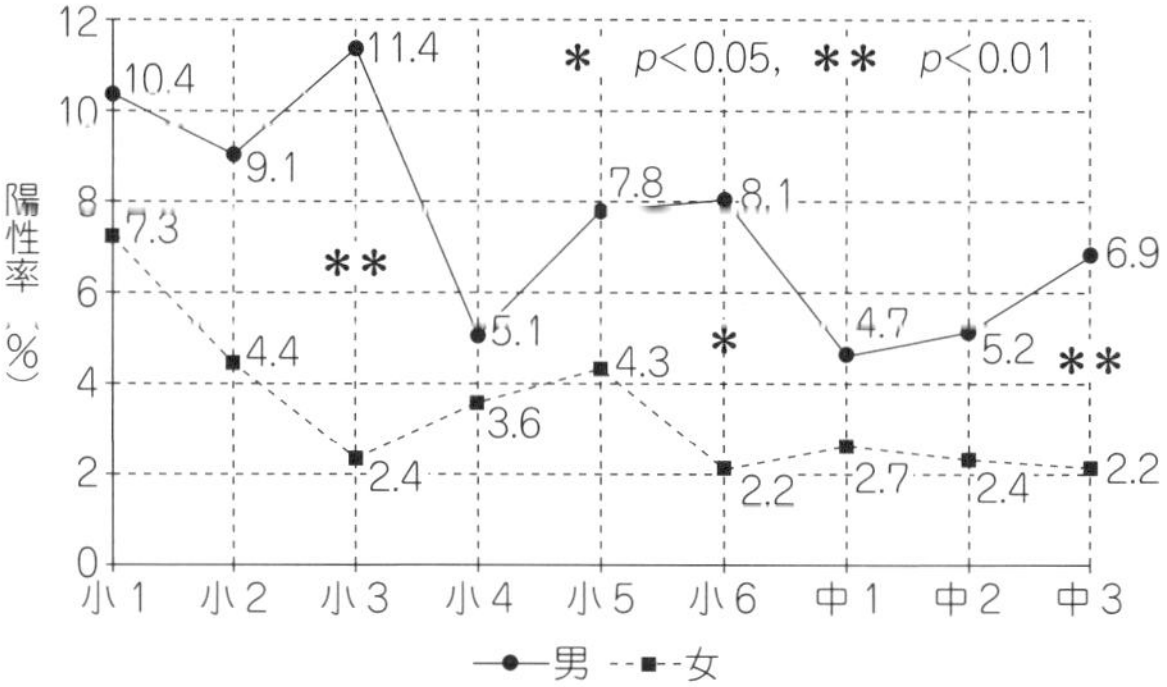

●図2-18　しばしば自分や人の持ちものをこわす

第二に、すべての学年で男子が多く、小3（4・8）、小6（3・7）、中3（3・1）では有意差があった。ワイト島調査でも、男子7・1％、女子1・4％とやはり男子優位であった。

（17）けんかする

原本では"Frequently fights with other children"であり、「しばしばほかの子とけんかする」とそのまま訳されている。図2-19から次のような特徴が読める。

第一に、陽性率が学年につれて比較的急激に減少した。つまり、年齢依存的で、やや急峻な「右下がり型」といえる。

第二に、中1以外のすべての学年で男子が多く、小3（2・0）では有意差があった。ワイト島調査でも年齢につれて減少し、男子15・2％、女子5・3％とやはり男子優位であった。

（18）好かれない

原本では"Not much liked by other children"であるが、邦訳は「ほかの子に好かれていない」と"much"を訳出していない。「それほど」や「あまり」などの副詞を付け加えると「好かれていない」程度が多少異なるのではない

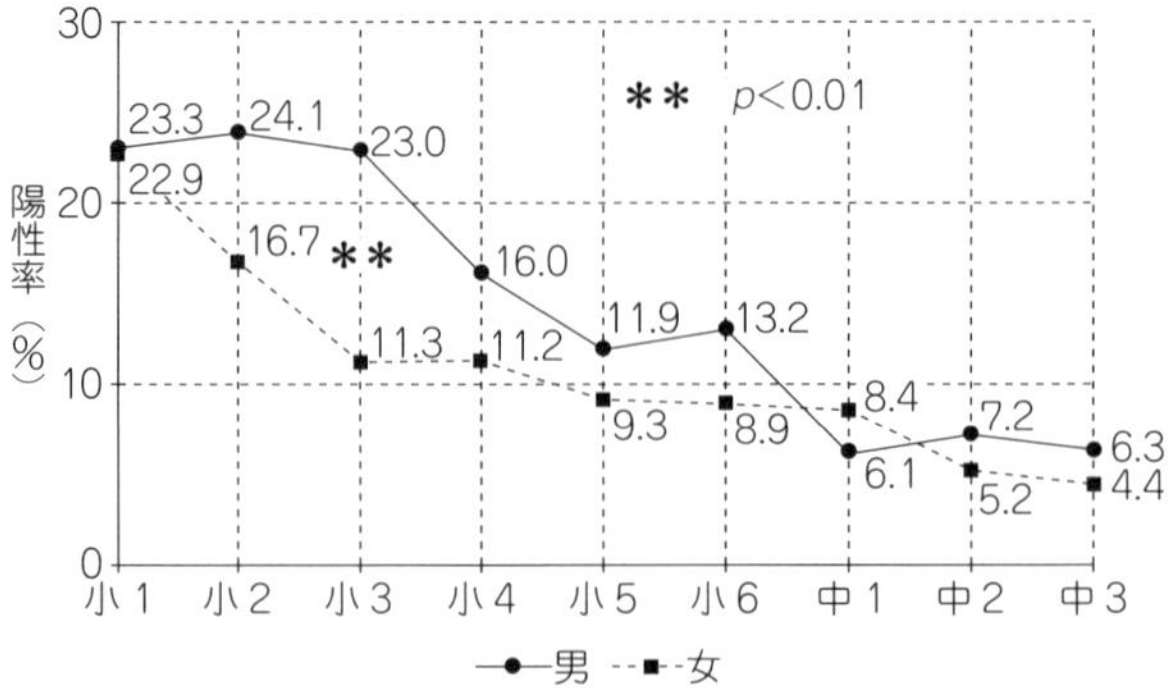

●図2-19　しばしばほかの子とけんかする

だろうか。図2–20から次のような特徴が読める。

第一に、全体にばらつきはあるが、小学生のうちは、男子では学年につれて徐々に減少し、女子では4・5％（小2）から8・4％（小6）の間にとどまり、小6以降は男女とも減少する傾向があった。つまり、年齢依存的であり、男子ではやや急峻な「右下がり型」、女子では「横ばい型」（小学生）と「右下がり型」（中学生）といえる。

第二に、小学校低学年までは男子が多く、小3（2・4）では有意差があった。しかし、それ以降は性差があるとはいえなかった。ワイト島調査では、男子5・0％、女子4・5％とやや男子優位であった。

⒆ **心配症（N）**

原本では“Often worried, worries about many things”であり、「心配症で、しばしばいろいろなことを悩む」とほぼそのまま訳されている。ちなみに、この項目は神経症項目のひとつである。図2–21から次のような特徴が読める。

第一に、全体的にばらつきはあるが、陽性率が学年につれて徐々に減少した。つまり、年齢依存的で、なだらかな「右下がり型」といえる。

第二に、小2、3、中3以外のすべての学年で女子が多く、中2（0・

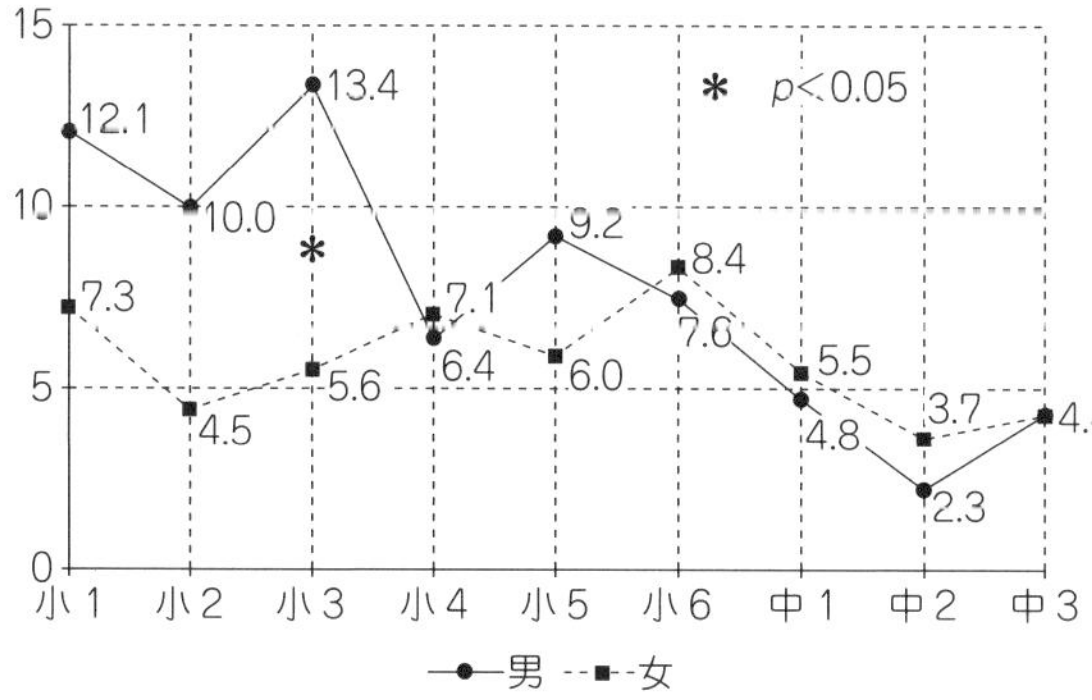

●図2–20　ほかの子に好かれていない

62）では有意差があった。ワイト島調査では、男子35・4％、女子39・2％と性差はなかった。

（20）孤独

原本では"Tends to do things on his own–rather solitary"であり、「一人で物事をする。一人ぼっちの傾向がある」とほぼそのまま訳されている。図2–22から次のような特徴が読める。

第一に、陽性率は、小5までの男子では比較的急激に減少し、小5以降は、女子のすべての学年と同様に、14・5％（小3女）から9・0％（中2男）の間にとどまっていた。つまり、男子は年齢依存的で、小学生ではやや急峻な「右下がり型」、中学男子と小中女子は年齢非依存的で、やや右下が

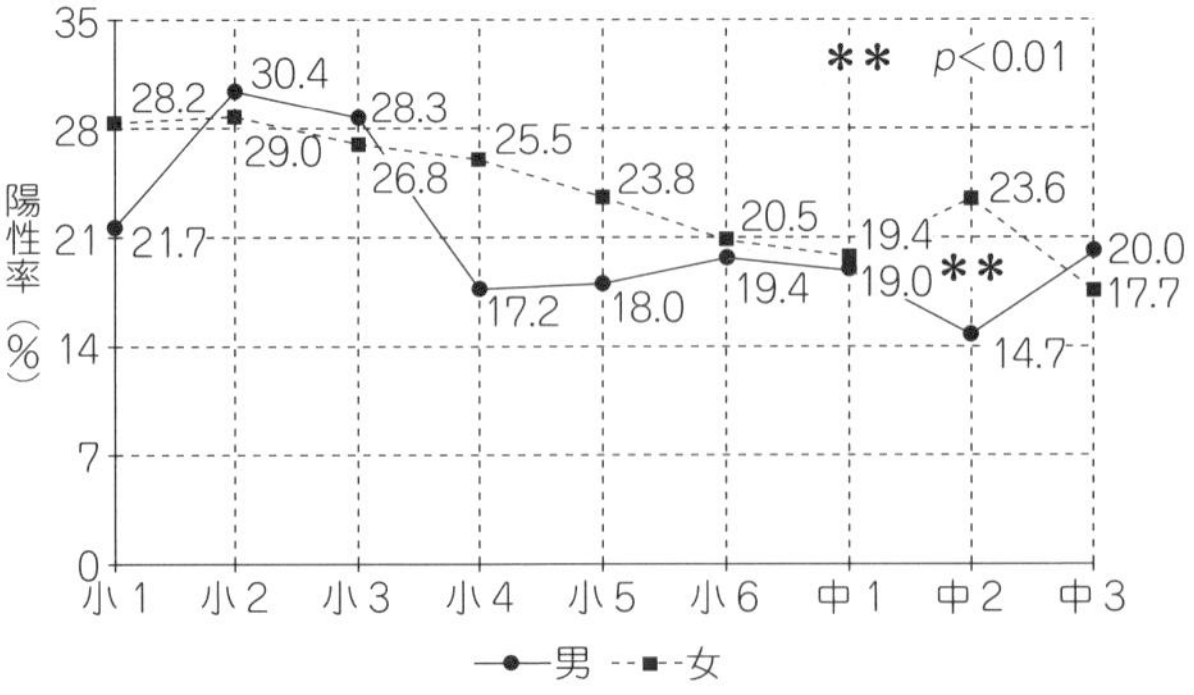

●図2–21　心配症で，しばしばいろいろな事を悩む

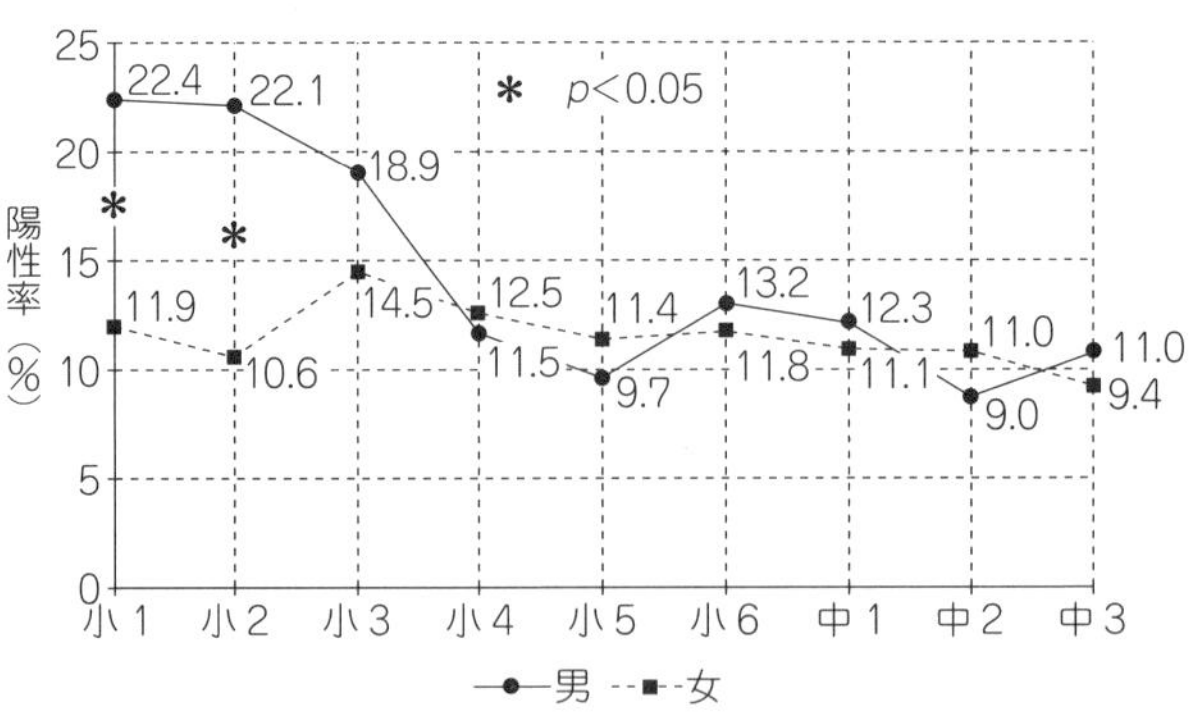

●図2–22　一人で物事をする。一人ぼっちの傾向がある

りの「横ばい型」といえる。

第二に、小3までは男子が多く、小1（1・9）と小2（2・1）では有意差があったが、小4以降はほとんど性差はなかった。ワイト島での親用質問紙調査では逆に、男子8・7％、女子17・4％と女子優位であったが、教師用質問紙調査では、男子19・4％、女子12・3％と男子優位であった。

(21) いらいら

原本では"Irritable. Is quick to 'fly off the handle'"であり、「いらいらしている。すぐにおこりだす」とそのまま訳されている。図2-23から次のような特徴が読める。

第一に、陽性率はそれぞれ、男子は31・7％（小4）から17・5％（中1）までの範囲で、増・減・増、女子は20・3％（小3、小5）から27・9％（中1）までの範囲で、減・増・減を示した。つまり、年齢依存的で、男女間で三年くらいの位相のずれがある正弦波様に変化する「横ばい型」といえる。

第二に、小1では女子、小3から小5までは男子、小6と中1では女子、中3では男子が、それぞれ多かった。特に、中1（0・63）と中3（1・

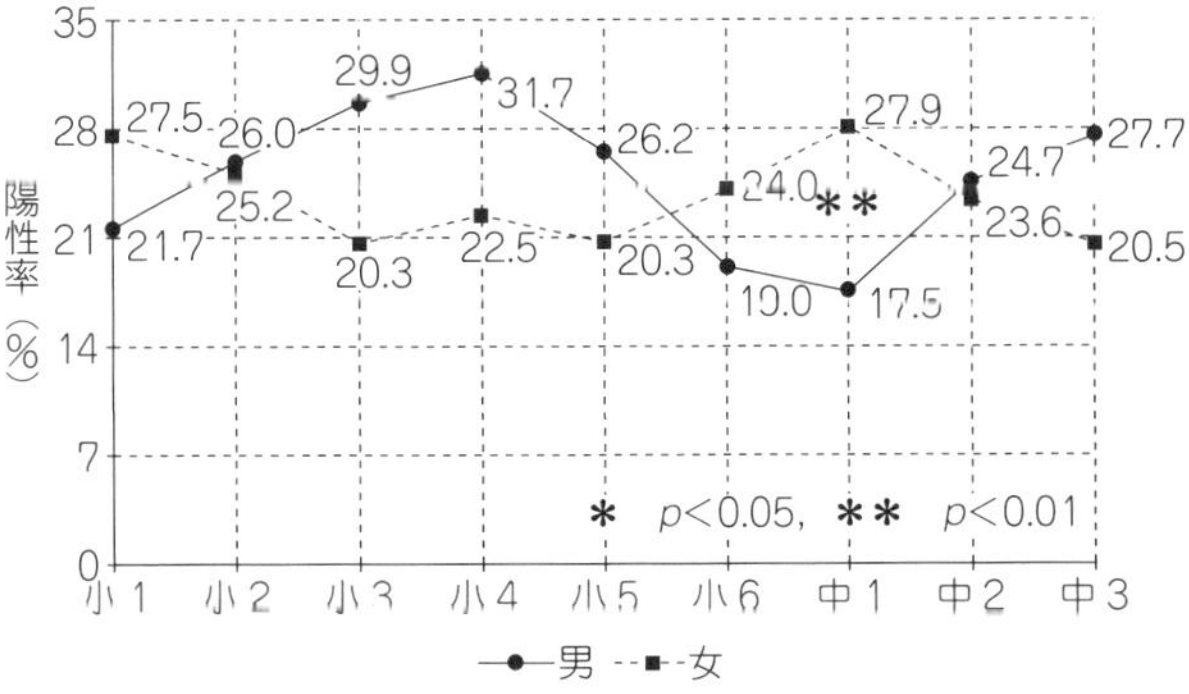

●図2-23　いらいらしている。すぐに怒りだす

４）では有意差があった。ワイト島調査では、男子34・５％、女子27・９％と男子優位であった。

（22）**みじめそう**

原本では"Often appears miserable, unhappy, tearful or distressed"であり、「しばしばみじめそうな様子をみせたり、涙ぐんだりする」と少し省略して訳されている。このような類義語が羅列されている場合、邦訳に苦労することが多いものである。図２–24から次のような特徴が読める。

第一に、陽性率が学年につれて比較的急激に減少した。つまり、年齢依存的で、やや急峻な「右下がり型」といえる。

第二に、性差は学年によってばらつきがあったが、小６以降は女子が多い傾向があった。ワイト島調査でも、男子11・２％、女子13・１％と性差はなかった。

（23）**チック**

原本では"Has twitches, mannerisms or tics of the face or body"であり、「顔をしかめたり、体をピクピクさせたり、チックがある」と内容をやや限定して訳している。図２–25から次のような特徴が読める。

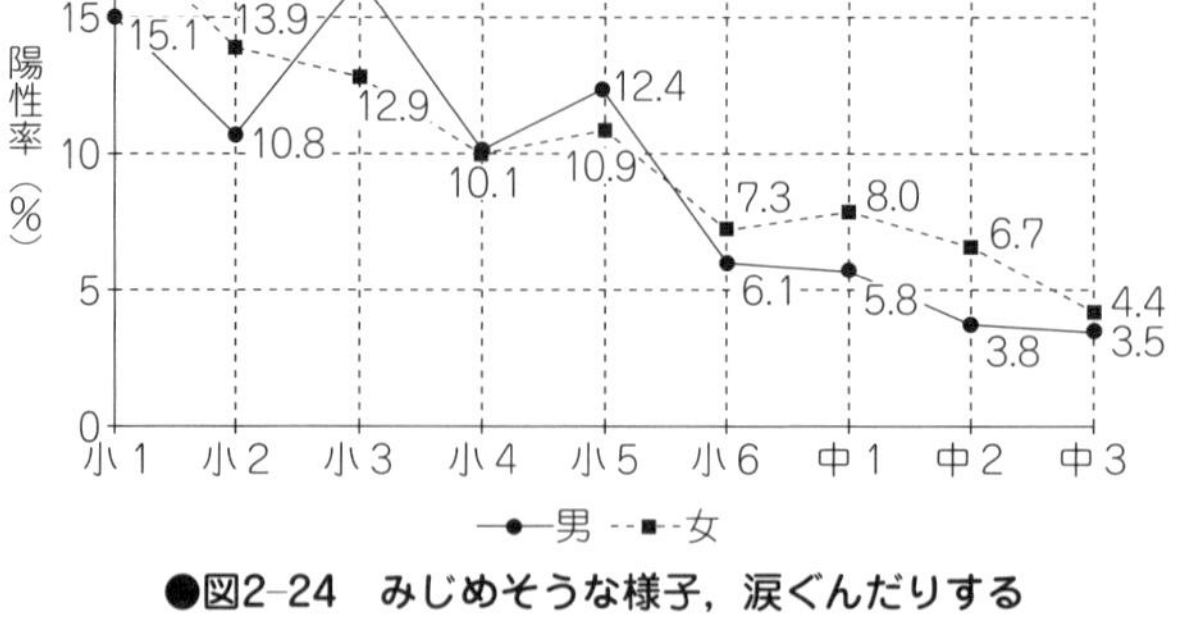

●図2–24　みじめそうな様子，涙ぐんだりする

第一に、陽性率は、男子では学年につれて徐々に減少したが、女子では小1から小4まで急激に減少した後、小6まで増加し、再び中2まで減少し、さらに中3で増加した。つまり、年齢依存的で、男子はなだらかな「右下がり型」、女子は二つの谷を有するやや右下がりの「横ばい型」といえる。

第二に、中3以外のすべての学年において男子優位であり、小4（8・5）では有意差があった。ワイト島調査でも、男子5・9%、女子2・9%と男子優位であった。

（24）指しゃぶり

原本では"Frequently sucks thumb or finger"であり、「しばしば指しゃぶりをする」とそのまま訳されている。

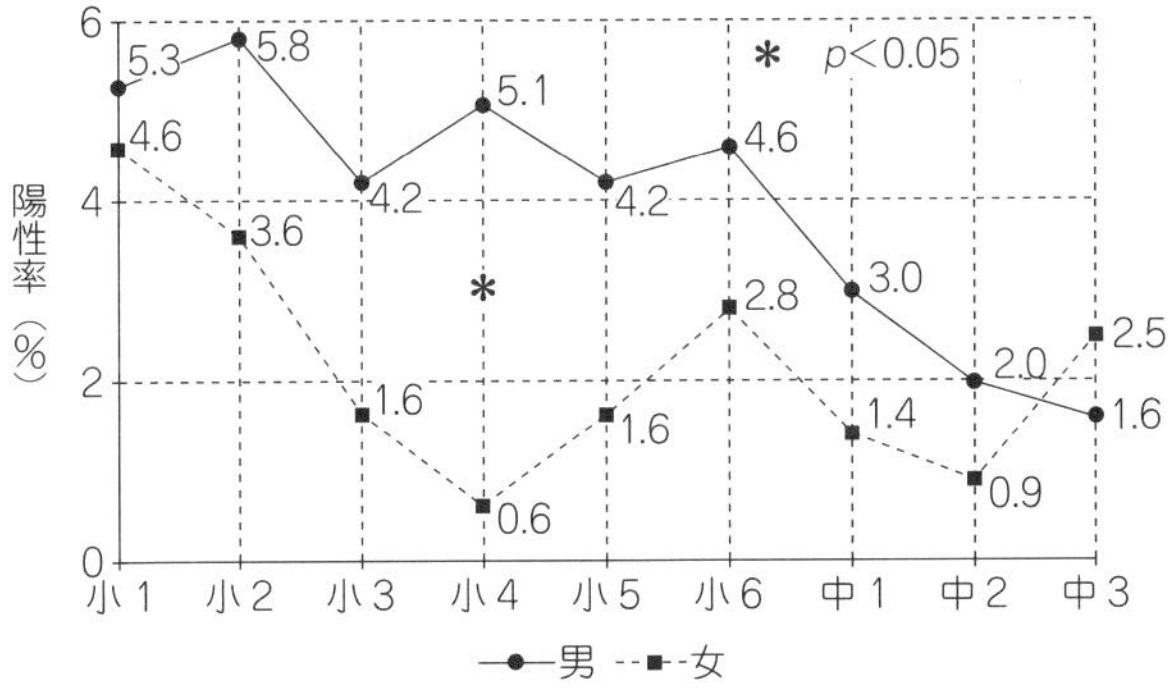

●図2-25　顔しかめ，体ピクピク，チック

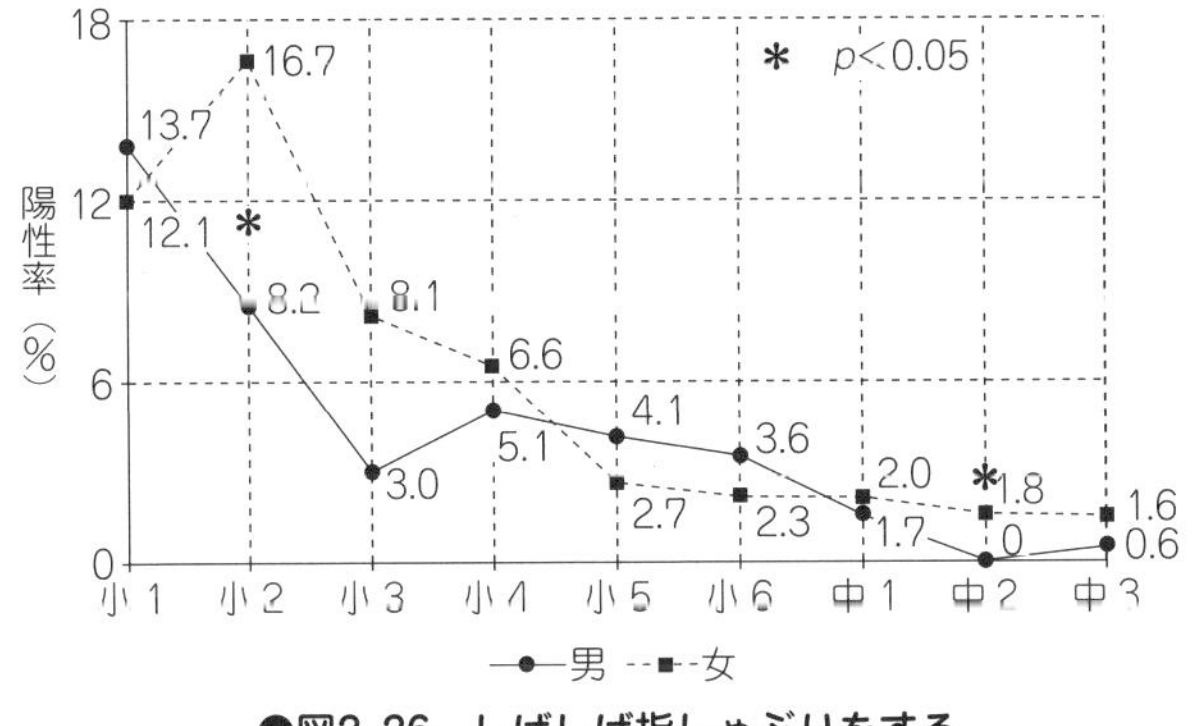

●図2-26　しばしば指しゃぶりをする

図2-26から次のような特徴が読める。

第一に、陽性率は16・7％（小2女）を最大値として急激に減少し、中学生では2・0％以下になった。つまり、年齢依存的で、急峻な「右下がり型」といえる。

第二に、性差は必ずしもはっきりしないが、小2（0・49）と中2（1・8％：0％）では有意に女子が多かった。ワイト島調査でも年齢につれて減少し、男子6・2％、女子13・0％と女子優位であった。

(25) 爪かみ

原本では"Frequently bites nails or fingers"であり、「しばしば爪かみをする」と訳されている。直訳すると「爪（複数）や指（複数）をかむ」とするのが妥当だが、おそらく「爪かみ」という行動には「指かみ」も含まれるのであろう。図2-27から次のような特徴が読める。

第一に、陽性率は学年につれて徐々に減少した。つまり、年齢依存的で、なだらかな「右下がり型」といえる。

第二に、性差は必ずしもはっきりしないが、小6（1・7）では有意に男子が多かった。ワイト島調査では、男子6・2％、女子13・0％と女子優位であった。

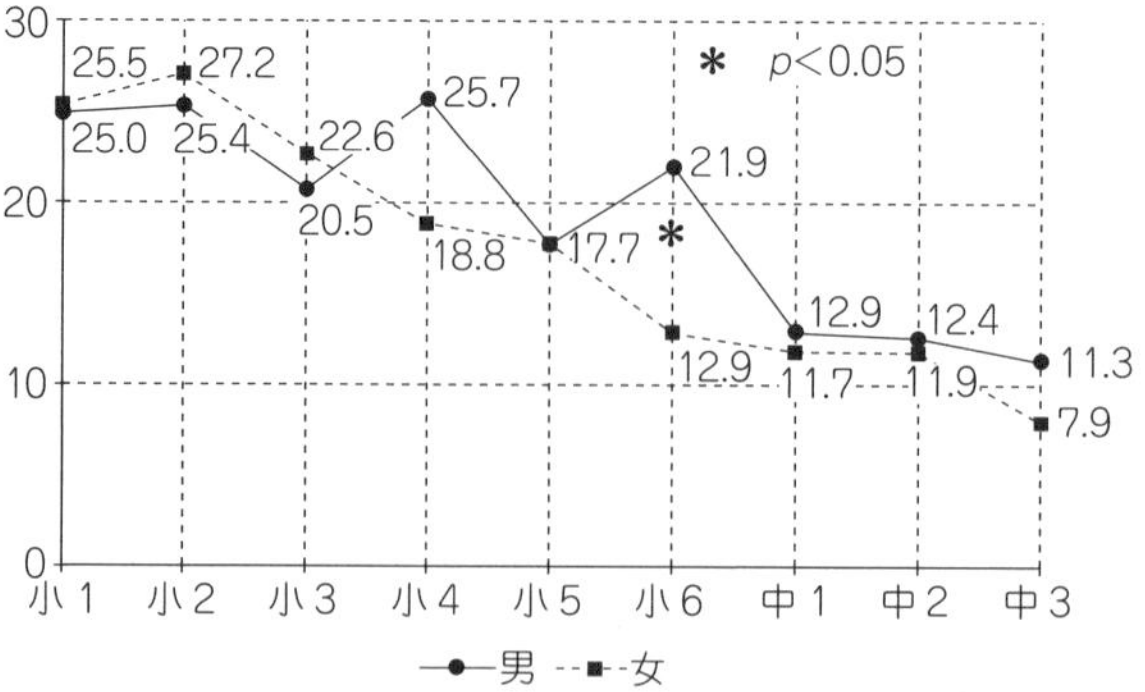

●図2-27　しばしば爪かみをする

(26) **従わない（A）**

原本では"Is often disobedient"であり、「しばしば親のいうことに従わない」と、「親のいうことに」をわざわざつけて訳されている。"disobedient"は「いうことをきかない、不従順だ、反抗的だ」という意味なので、対象は必ずしも親に限定しなくてもいいはずである。ちなみに、この項目は反社会項目のひとつである。図2-28から次のような特徴が読める。

第一に、陽性率は小4までは学年につれて減少し、それ以降は多少ばらつきはあるがあまり変化がなかった。つまり、小4までは年齢依存的で「右下がり型」、それ以降はやや変化を伴った「横ばい型」といえる。

第二に、小5と中1以外のすべての学年で男子が多く、小3（1・3）と小6（1・6）では有意差があった。ワイト島調査でも、男子31・5%、女子20・8%と男子優位であった。

(27) **注意散漫**

原本では"Cannot settle to anything for more than a few moments"であり、「注意を集中できない」と簡潔に意訳されている。図2-29から次のような特徴が読める。

第一に、小学生では陽性率は学年につれて徐々に減少したが、中学生にな

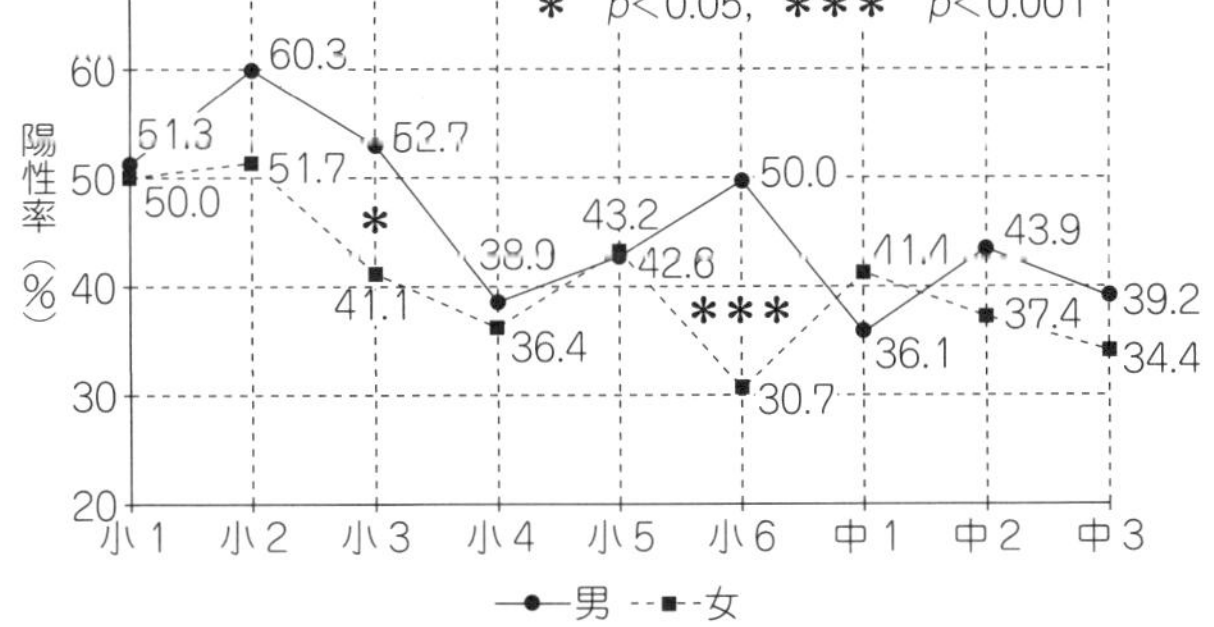

●図2-28 しばしば親のいうことに従わない

ると男子では徐々に増加し、女子ではむしろ徐々に減少した。つまり、年齢依存的で、小学生ではなだらかな「右下がり型」、中学生ではなだらかな「右上がり型」（男子）、「右下がり型」（女子）といえる。

第二に、中1以外のすべての学年で男子が多く、小2（1・4）、小3（1・7）、小6（2・3）、中2（1・5）、中3（1・6）では有意差があった。ワイト島調査でも年齢につれて減少し、また男子25・1%、女子18・2%と男子優位であった。

(28) こわがる（N）

原本では"Tends to be fearful or afraid of new things or new situations"であり、「新しい物事や状

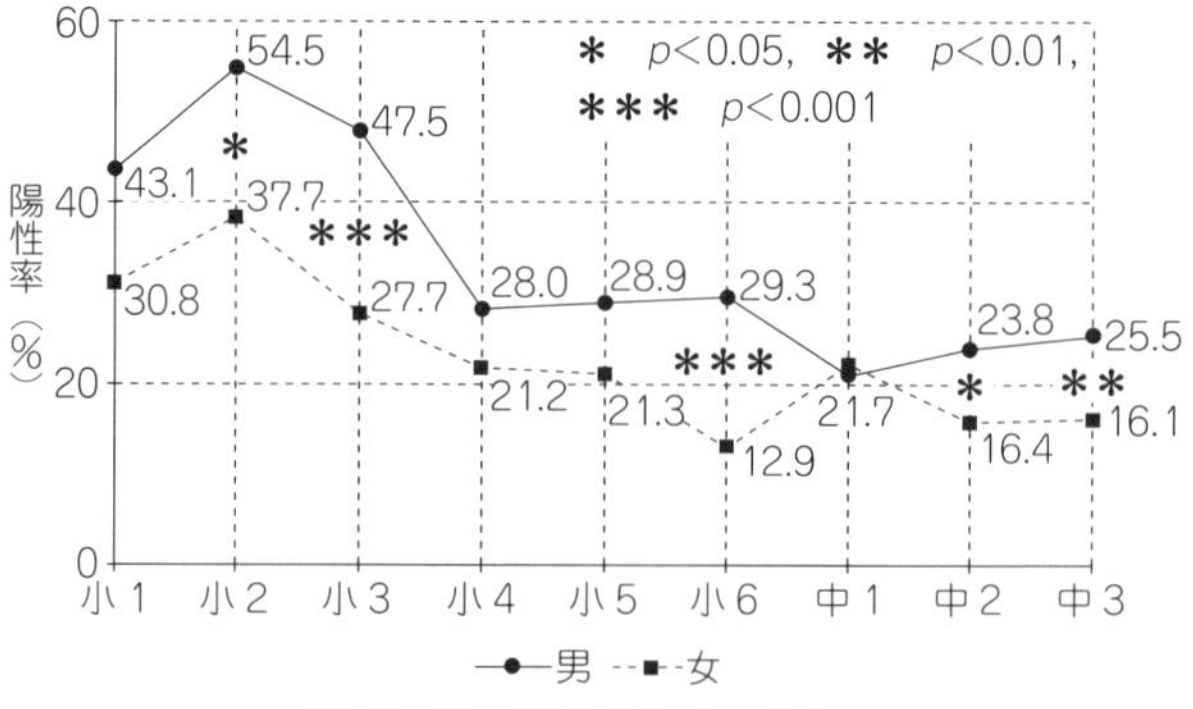

●図2-29　注意を集中できない

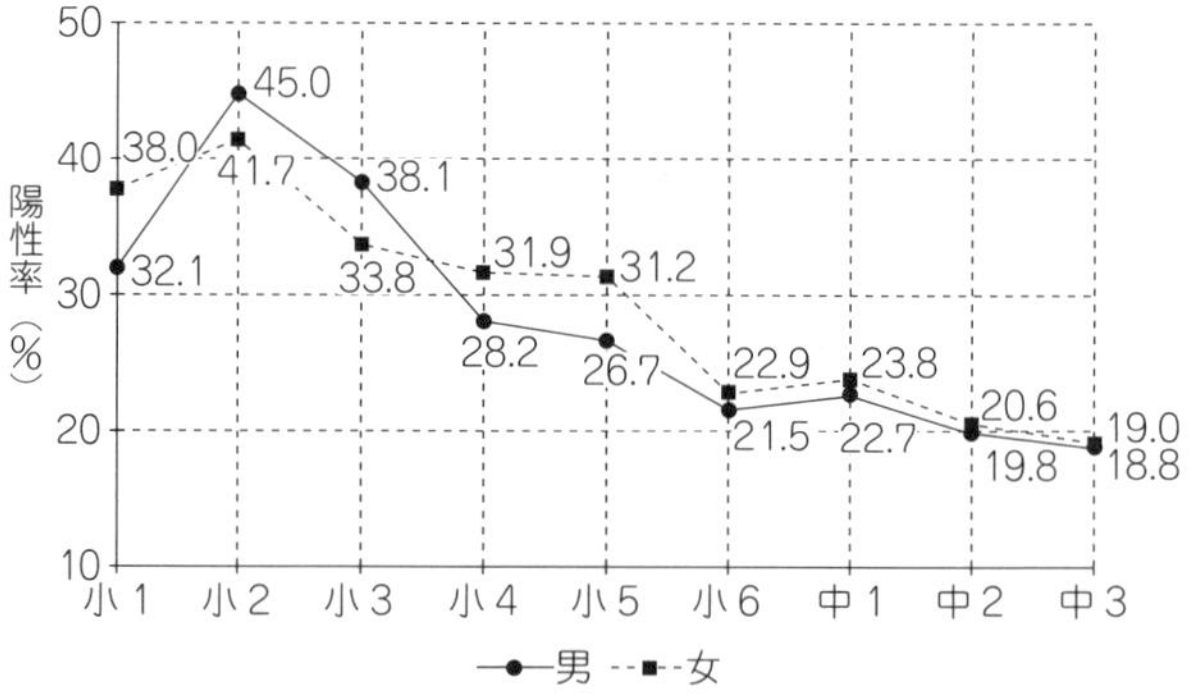

●図2-30　新しい物事や状況をおそれ，心配する

況をおそれたり、心配したりする」とほぼそのまま訳されている。ちなみに、この項目は神経症項目のひとつである。図2-30から次のような特徴が読める。

第一に、陽性率は学年につれて徐々に減少した。つまり、年齢依存的で、なだらかな「右下がり型」といえる。

第二に、性差はほとんどなかった。ワイト島調査でも、男子25・2%、女子24・8%と性差はなかった。

(29) 騒ぐ

原本では"Fussy or over-particular child"であり、「とるにたらないことを騒ぎたてる」とほぼそのまま訳されている。図2-31から次のような特徴が読める。

第一に、陽性率は中1で一時的に増加したが、全体的には学年につれて徐々に減少した。つまり、年齢依存的で、中1に小さなピークがあるなだらかな「右下がり型」といえる。

第二に、小学校低学年では女子、小学校高学年では男子、中学生では女子が、それぞれ多かったが、全体的に性差があるとはいえなかった。ワイト島調査では、男子12・2%、女子17・9%と女子優位であった。

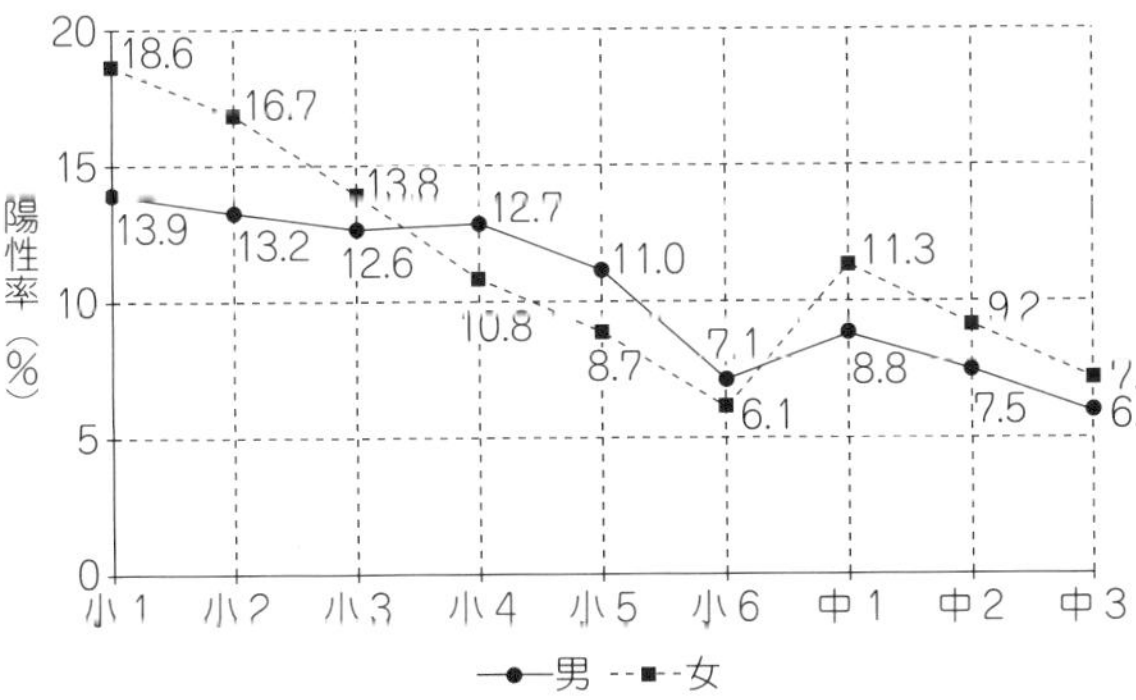

●図2-31　とるにたらないことを騒ぎたてる

（30）うそをつく（A）

原本では"Often tells lies"であり、「しばしばうそをつく」とそのまま訳されている。この項目は反社会項目のひとつである。図2-32から次のような特徴が読める。

第一に、陽性率は女子では学年につれて徐々に減少したが、男子ではばらつきがあり、小学校では減少傾向だったが中学校ではむしろ増加傾向があった。つまり年齢依存的で、女子と小学男子ではなだらかな「右下がり型」、中学男子では「右上がり型」といえる。

第二に、すべての学年で男子が多く、小3（1・7）、小5（3・0）、中3（2・8）では有意な差があった。ワイト島調査でも、男子16・1%、女子9・7%と男子優位であった。

（31）いじめる（A）

原本では"Bullies other children"であり、「ほかの子をいじめる」と訳されている。しかし、"bully"は力の強い者が弱い者をおどしたり痛めつけるという意味なので、日本の「いじめ」☆46☆47に特徴的な、冷やかし・からかい、仲間外れ、集団による無視、持ち持ち物隠し、などは含めていない。ちなみに、この項目は反社会項目のひとつである。図2-33から次のような特徴が読める。

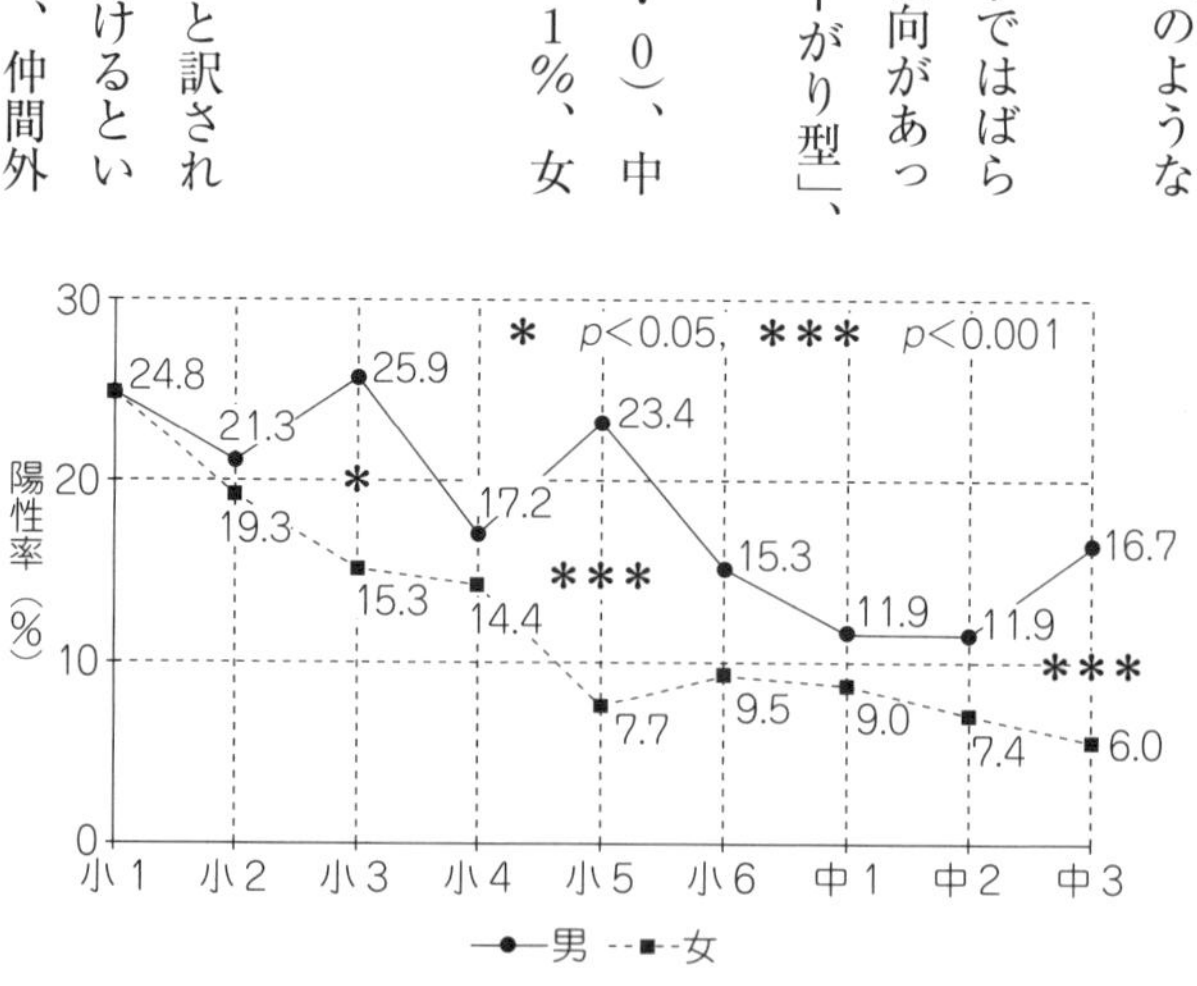

●図2-32　しばしばうそをつく

第一に、陽性率は、小学生ではだいたい学年につれて徐々に減少したが、中学生ではあまり変化がなかった。つまり、小学生では年齢依存的でなだらかな「右下がり型」、中学生では「横ばい型」といえる。

第二に、小学生では男子が多かったが、中学生ではほとんど性差がなかった。ワイト島調査でも、男子6・7％、女子4・0％と男子優位であった。

まとめ

以上、ラター親用質問紙の各項目について学年・性別に陽性率のおおまかな変化の様子をみてきた。次に、原本における質問紙項目の小分類にしたがって、それらの頻度と臨床的意味について簡単にまとめよう。

反社会的あるいは攻撃的行動：ラター質問紙のすべての反社会項目において男子優位であった。また、経年的変化については、小学生ではだいたい「右下がり型」であったが、中学生になると「右上がり型」（盗む、物をこわす（男）、うそをつく（男））または「横ばい型」（物をこわす（女）、従わない、うそをつく（女）、いじめる）に転じた。これらの項目は母親が過小評価しやすい[☆46☆47]ことを考慮すると実際にはもっと高頻度であろうと推測される。つまり、小学生では目立たなかった行為障害は中学生になると増加すること[☆44]が裏づけられた。

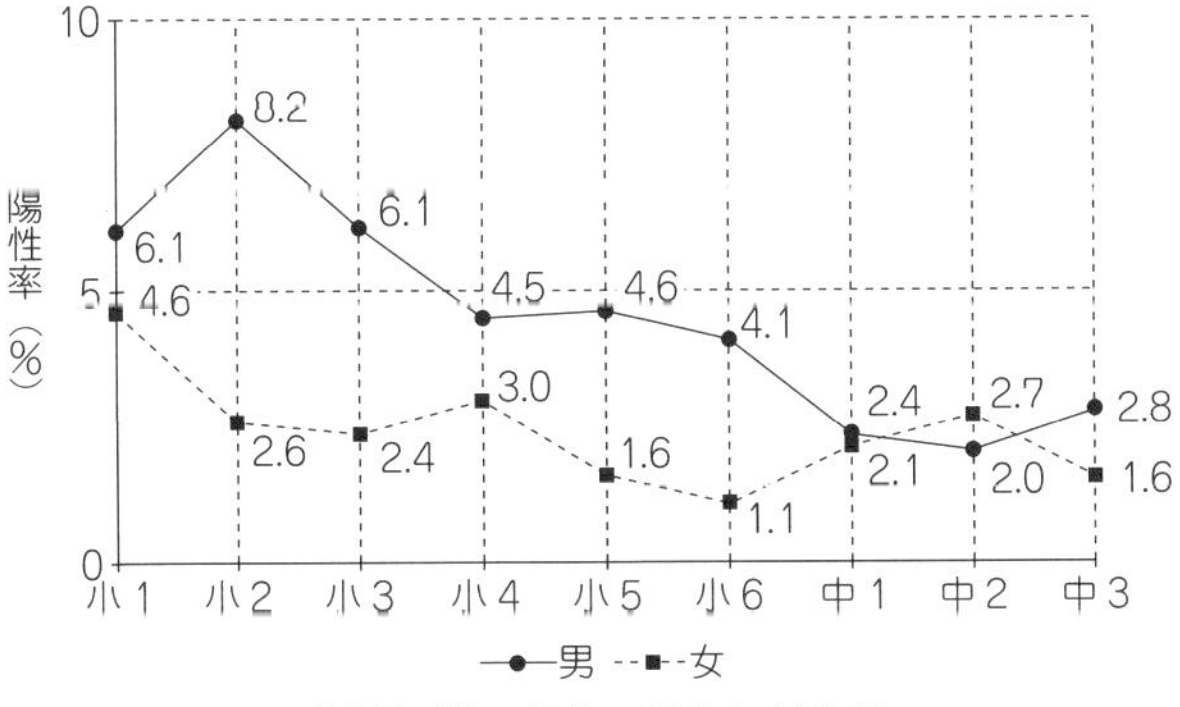

●図2-33　ほかの子をいじめる

情緒的あるいは神経症的行動：原本では明らかな神経症的項目は精神障害と関連があるとしている。その中でも「みじめそう」「登校時泣く」「こわがる」「心配症」「騒ぐ」があげられている。本調査では、それらはあまり性差はみられず、だいたい「右下がり型」であった。つまり、おおまかにいって情緒障害は男女差がなく、学年につれて減少するといえる。☆44

運動系項目と集中困難：原本では「注意散漫」は、「落ち着かない」「もじもじ」と同様に、あらゆるタイプの精神障害と強い相関があるとしている。本調査ではそれらはすべて男子優位であり、小学生では減少したが、中学生ではあまり変化がなかった。つまり、注意集中困難や多動傾向などは、小学生の（特に男子の）発達的指標として有用であると考えられる。

対人関係の問題：原本では、「好かれない」と「孤独」は他の子どもとの人間関係の困難さを尋ねているので、精神障害の存在のよい指標となり、社会環境への適応の拙劣さをあらわすことがあるとしている。本調査では、どちらも小3までは男子優位であったが、それ以降は性差はみられず、「右下がり型」ないしは「横ばい型」であった。しかも、男子よりも女子の方が年齢非依存的なので、女子については環境変化にあまり左右されない本来的な性格傾向をとらえているといえるかもしれない。

爪かみと指しゃぶり：原本では「爪かみ」は頻度が多く、神経症、不適応や精神障害などとの関連は弱いが、緊張、興奮や心配時に起こりやすいとしている。また、「指しゃぶり」は子どもに快楽、緊張緩和、慰みなどを提供するもので、年少児では頻繁にみられ特別な意味はないが、年長児まで持続しているものは未熟性や不適応などと関連が少しあると指摘している。本調査では、どちらも性差は目立たず、「右下がり型」であったが、「指しゃぶり」が「爪かみ」よりも頻度が低い分だけ、特に小5以降は何らかの臨床的意味があるように思えた。

食事と睡眠の問題：原本では「食事」や「睡眠の問題」は頻度が多く，何らかの精神障害との関連は弱いとしている。本調査では，食事よりも睡眠の問題の方が全体的に頻度が低く，後者は小学生では「右下がり型」，中学生では「右上がり型」と対照的なパターンを示すので，神経症項目の発達的指標としての意義はあると思われる。特に，高校受験前の中3において睡眠の問題の頻度が男子に急増したことは，思春期の情緒的安定度の男女差を考えるうえで参考になるだろう。

身体的訴え：本調査では，「頭痛」や「腹痛」などの非特異的な身体的痛みの訴えは頻度が多く，学年や性による発達的差異が目立たなかった。つまり，それらは何らかの精神障害の指標としてはあまり有用ではないかもしれない。

どもりとその他の話し方の問題：本調査では「どもる」「話し方に問題」ともに頻度が低く，男子優位であり，原本と同様の傾向を示した。それらはことばの発達面における障害とみられ，いくつかの臨床的カテゴリーに分けられるだろう。

遺尿と遺糞：「遺尿」と「遺糞」は密接な関連があるとされている。本調査でみたように「遺糞」は「遺尿」より頻度は少ないが，小学校高学年以降もそれらが頻繁にみられる場合には，排便コントロールの遅れなどの発達遅滞や，他の生物学的因子，あるいは情緒障害や精神障害などの存在を想定すべきだろう。

ところで，本調査では，調査方法の限界と紙幅の都合により，項目相互の関連性や各項目と精神障害，知能，成績，家族構成などとの関連性について，原本と同様に検討することはできなかった。また、得られたデータを解析して、個体の発達と社会や環境の変化[☆48]の相互作用についての推論も可能になるかもしれないが、それらは今後の課題としたい。

（初出　「子ども社会研究[☆49]」より）

2　母子間の依存／攻撃関係

はじめに

わが国の子どもの問題を考える場合、常に念頭におくべきことは、家庭内での親子の関係、より端的にいえば母子の依存関係であろう。このテーマは、土居の「甘え」概念[☆21]などにみるように、日本人の性格構造に深く根づき対人関係や社会組織のあり方に影響を及ぼしているものとしてさまざまの分野でとりあげられてきた。しかし、あまりにも自明なためか、あるいは問題が複雑すぎるためか、かえって客観的な評価の対象にうまくのらなかったうらみがある。また、これまで乳幼児の母子依存は比較的よく研究されてきたが、学齢期や思春期の子どもの依存性（あるいは甘え）やその裏返しとしての攻撃性[☆50]に関する研究は必ずしも充分とはいえなかった。

筆者は、一般小中学生の母親を対象にして精神保健に関する大規模な調査[☆43☆44]を行なった。その際に、上記の問題意識からわが国の学齢期の子どもの依存性と攻撃性を正しくみることが必要と感じ、母親からみた子どもの依存／攻撃性を定量的に評価するための質問紙の開発と標準化を試みたので、以下に報告する。

〈ＳＡＤＱについて〉

英国のバーグら[51]は、子どもの依存性を客観的に評価するためＨＤＱ（Highlands Dependency Questionnaire）を作成し、標準化した。さらにバーグ[52]は、母親が記入できるようにＨＤＱを修正し、二十一項目より構成されるＳＡＤＱ（Self-Administered Dependency Questionnaire：自記式依存質問紙）を開発した。各項目は主に母親との関係における子どもの行動のいくつかの側面を尋ねる設問文になっており、過去三か月間の学期中の典型的な一週間を選んで、母親が子どもの行動の頻度を五段階の尺度に従って評価する。原法ではまず子どもの行動の実際の頻度を全部記入した後に、母親が子どもに期待していた頻度を記入することになっている。バーグ[52]は無作為に選んだ八歳から十五歳の小中学生二五六人の母親にＳＡＤＱを施行し、主因子法による因子分析の結果、*affection*, *communication*, *assistance* と *travel* の四つのサブスケールを抽出した。それぞれのサブスケールを構成する設問文を原文のまま表2-8に示す。

〈日本語版ＳＡＤＱ（修正ＳＡＤＱ）の作成〉

日本語版ＳＡＤＱ（以下、修正ＳＡＤＱと呼ぶ）を、次のような手順で作成した。

まず、ＳＡＤＱを筆者が翻訳した。その際にできるだけ直訳するようにして、日本語としての不自然さや文化的な意味的整合性には配慮しなかった。その直訳を、日本に十年以上滞在し、日本語に堪能で、日本語で修士論文を執筆した英国人一名とともに検討した。そして、ひとつは、英語の直訳を日本語としてこなれた文章にすることと、もうひとつは、日英の生活習慣の差異を考慮して日本の子どもになじまない設問文をなじむものに置き換えることを主眼として、直訳の内容を修正した。例えば、「キスをしましたか」という部分は、「まといついたり、べたべたしましたか」というように変更した。

次に、母親への子どもの攻撃的言動を表す三つの設問文を新たにつけ加えた。そうした理由は、日本の思春期の母子関係を正しくみるためには、依存性の裏返しとしての攻撃性を同時に評価することが必要であろうと考えたからである。ただし、それらの設問文は依存行動の設問文とは内容的にやや異なり、また場合に

●表2-8　SADQ（サブスケールのみ）

affection

Did he/she come close to you for affectionate contact? (e.g. sitting on knee or putting arm round, do not include kissing)
Did he/she kiss you, or you kiss him/her on going out or coming in the house?
Did he/she kiss you, or you kiss him/her on going to bed?

communication

Did he/she talk over his/her troubles with you and ask your help about what was going on in the family?
Did he/she talk things over with you and ask your help about what was going on at school? (exclude homework)
Did he/she talk things over with you and ask your help with what was going on with his/her friends?
Did he/she talk things over with you and ask your help with what was going on with his/her interests and hobbies?

assistance

Did he/she either make his/her own bed or clean up his/her room? (indicate frequency of either)
Did he/she either clear off the table or wash the dishes at home? (indicate frequency of either)
Did you put out clothes for him/her that it would have been possible for him to get himself/herself?

travel

Did he/she go on a bus without you?
Did he/she go into the nearest town without you?
Did he/she spend time with you at home when he/she could be out? (all children have to be in some of the time for meals, homework, etc.)
Did he/she go out a distance of more than two minutes walk from home without you? (do not include going to school, going to town or using a bus)

よっては侵襲的にとれる可能性があったことから、質問紙の一番最後に配置した。
こうして、表2-9に示すような二十四項目で構成される修正SADQを作成した。なお、今回の修正SADQでは、過去三か月間の学期中の典型的な一週間における子どもの行動の実際の頻度のみを尋ねることにした。

対象と方法

対象者は、71ページを参照のこと。
調査は調査用紙を教室で担任が配布し、児童生徒に持ち帰ってもらい、母親に無記名で記入してもらった。それを再び児童生徒に学校まで届けてもらって回収した。回収率は小学校が70・3%、中学校が88・5%であった。調査実施時期は小学校が一九九四年十月上旬の一週間、中学校が一九九三年十一月下旬の一週間であった。また修正SADQの信頼性を検証するために、中学校については調査に協力してくれた一校の各学年一クラスにおいて二か月後に同様の方法で再テストを実施した。なお、調査用紙は、修正SADQに加えて、不登校に関連した質問項目や、子どもの問題行動や情緒障害のスクリーニングのためのラター親用質問紙☆38（以下、ラ氏テストと呼ぶ）などで構成されていた。

〈データの分析方法〉

まず、得られた修正SADQのデータを小中別に集計し、度数分布を作成した。そして、小中ともに分布がほとんど「週に一回以下、または全くなし」という頻度に集中していた「12. お子さんは家以外で何かアルバイトをやりましたか?」という設問を分析対象から外し、残り二十三項目で小中

●表2-9　修正 SADQ（設問文のみ）

1. お母さんは，お子さんの顔や体を洗ったり，お風呂に入れたりしましたか？（洗髪は含みません）
2. お子さんといっしょに買い物やどこかに行ったりしましたか？（お母さんのご用ではなく，実際にお子さんにつきそって）
3. お子さんは自分で寝床の用意をするか，あるいは部屋をきれいにしましたか？
4. お子さんは食卓テーブルの上をかたづけるか，あるいはお皿を洗いましたか？
5. お子さんは，夜あるいは朝早く，お母さんの寝床にもぐりこんできましたか？
6. お子さんはお母さんとのやさしい接触を求めてくっついてきましたか？（例えば，ひざにのったり，だきついたり）
7. 外出や帰宅時に，お子さんはお母さんにまといついたり，べたべたしましたか？
8. お子さんは，家族のことについて，いろいろな心配事をお母さんに話して，助けを求めましたか？
9. お母さんは，お子さんの靴をきれいにふきましたか？
10. お子さんは，学校のことについて，いろいろお母さんに話して，助けを求めましたか？（宿題は除きます）
11. お子さんは，お母さんといっしょでなくバスに乗りましたか？
12. お子さんは家以外で何かアルバイトをやりましたか？
13. 寝るときに，お子さんはお母さんにまといついたり，べたべたしましたか？
14. お母さんは，お子さんが服を着たり，脱いだりする時に手伝いましたか？
15. お子さんは，お母さんといっしょでなく，一番近いまち中に行きましたか？
16. お子さんは，外に出てもいい時に，お母さんといっしょに家にいましたか？
17. お子さんは，友達のことについて，いろいろお母さんに話して，助けを求めましたか？
18. お母さんは，お子さんが健康な時に，朝食，夕食や飲み物などをお子さんの部屋に持って行きましたか？
19. お母さんは，お子さんが自分でとれるのに，お子さんの服を出してあげましたか？
20. お子さんは，お母さんといっしょでなく，家から歩いて２分以上のところに外出しましたか？（学校に行く、まち中に出かけたり，バスに乗ることは含めません）
21. お子さんは，関心のあることや趣味について，いろいろお母さんに話して，助けを求めましたか？
22. お子さんは，お母さんが登校や日常生活のことについて注意したりすると，すぐに機嫌が悪くなりましたか？
23. お子さんは，おこづかいや自分のほしい物をねだったりなど，お母さんにしつような要求をしましたか？
24. お子さんは，お母さんをことばで責めたり，物にあたったり，あるいは暴力をふるったりしましたか？

別々に因子分析（主因子法）を施行し、バリマックス回転を加えた。その結果、得られた修正ＳＡＤＱのサブスケールの得点分布を、性、学年、ラ氏テストの得点（以下、ラター得点と呼ぶ）、登校状況やいじめの有無などさまざまの角度から分析し、それらの信頼性と妥当性を検討した。そして、臨床的に利用可能な修正ＳＡＤＱのサブスケールのみからなる簡易型を作成した。なお、データの分析はＳＰＳＳ for Windows[☆53]を主に利用した。

結果

〈修正ＳＡＤＱの得点（度数分布）〉

表2-10に修正ＳＡＤＱの二十三項目の得点の度数分布を示す。各項目の得点が高いほど、母親との関係における子どもの依存性（や攻撃性）が高いと判断される。

「3．寝床の用意、部屋のかたづけ」という設問以外の二十二項目において小中で分布に有意差がみられた。そのうち、「11．母といっしょでなくバスに乗る」「14．母といっしょでなくまち中に行く」「17．子どもの部屋に飲食物を持って行く」という三つの設問以外の十九項目において、小学生に有意に得点が高かった。

〈因子分析（バリマックス回転）〉

表2-11に修正ＳＡＤＱの二十三項目のデータの因子分析後のバリマックス回転で得られた因子負荷量を示す。なお、表は煩雑さを避けるために修正ＳＡＤＱのサブスケールを構成する項目のみを選んでとりあげた。

●表2-10　修正 SADQ の各項目の得点分布

番号	項　目	0点	1点	2点	3点	4点	平均	標準偏差	有効回答数	
1	子どもの顔や体を洗う，風呂に入れる	56.4	15.3	15.7	11.2	1.3	0.86	1.13	1,869	***
		74.5	22.4	2.4	0.6	0.2	0.30	0.56	1,956	
2	子どもといっしょに買い物などに行く	42.9	37.5	17.5	1.6	0.5	0.79	0.82	1,867	***
		74.5	22.4	2.4	0.6	0.2	0.30	0.56	1,956	
3	寝床の用意，部屋のかたづけ	36.4	27.8	18.9	13.7	3.3	1.20	1.16	1,966	
		32.0	33.3	14.8	15.3	4.6	1.27	1.19	1,963	
4	食卓のかたづけ，皿洗い	31.6	20.5	19.7	16.1	12.1	1.57	1.39	1,871	***
		37.7	19.3	16.5	15.1	11.3	1.43	1.41	1,969	
5	夜か朝早く，母の寝床にもぐりこむ	78.9	9.2	7.3	3.6	1.1	0.39	0.85	1,845	***
		97.0	2.1	0.6	0.2	0.1	0.04	0.27	1,943	
6	母とのやさしい接触を求めてくっつく	49.8	17.4	16.6	11.0	5.1	1.04	1.25	1,870	***
		90.0	6.3	2.4	1.1	0.4	0.16	0.54	1,951	
7	外出や帰宅時，母にまといつく	74.3	12.0	7.8	3.8	2.1	0.47	0.94	1,856	***
		94.9	3.3	1.2	0.4	0.2	0.08	0.38	1,945	
8	家族のことを母に相談する	75.6	13.4	7.2	2.3	1.5	0.41	0.84	1,850	***
		87.8	8.2	2.9	0.7	0.4	0.18	0.55	1,943	
9	子どもの靴をきれいにふく	55.2	28.5	13.1	2.6	0.6	0.65	0.85	1,852	***
		79.3	13.7	4.6	1.9	0.5	0.31	0.69	1,948	
10	学校のことを母に相談する	67.3	16.2	11.4	3.7	1.4	0.56	0.93	1,850	***
		78.8	13.1	5.6	1.5	1.0	0.33	0.74	1,945	
11	母といっしょでなくバスに乗る	92.1	4.5	2.6	0.5	0.3	0.12	0.47	1,833	***
		87.9	8.0	3.2	0.3	0.6	0.18	0.55	1,919	
12	寝るとき，母にまといつく	75.7	10.1	8.4	4.4	1.4	0.46	0.92	1,850	***
		97.7	1.7	0.3	0.3	0.1	0.03	0.24	1,946	
13	子どもの服の着脱を手伝う	83.5	7.9	5.7	2.2	0.8	0.29	0.74	1,852	***
		98.1	1.3	0.4	0.1	0.1	0.03	0.23	1,945	
14	母といっしょでなくまち中へ行く	70.9	17.2	9.2	1.7	1.0	0.45	0.81	1,832	***
		61.6	25.7	10.7	0.7	1.4	0.55	0.82	1,922	
15	外に出ていいのに，母と家にいる	71.0	16.3	10.3	1.3	1.1	0.45	0.82	1,829	***
		86.8	8.2	3.4	0.6	1.1	0.21	0.63	1,902	
16	友達のことを母に相談する	74.0	12.8	9.3	2.7	1.1	0.44	0.86	1,840	***
		85.8	8.9	3.7	1.0	0.7	0.22	0.63	1,940	
17	子供の部屋に飲食物を持って行く	92.1	3.6	2.7	1.0	0.7	0.15	0.57	1,850	**
		89.3	7.1	2.4	0.9	0.3	0.16	0.52	1,947	
18	子供の服を出してあげる	48.3	15.1	15.9	17.3	3.3	1.12	1.27	1,858	***
		84.6	8.5	3.9	2.7	0.9	0.28	0.74	1,950	
19	母なしで2分以上の所に外出する	19.7	18.0	32.3	17.6	12.4	1.85	1.27	1,854	***
		41.4	22.2	24.0	6.2	6.3	1.13	1.20	1,917	
20	関心事を母に相談する	45.0	23.3	21.7	6.6	3.4	1.00	1.11	1,821	***
		69.6	18.2	8.0	2.9	1.4	0.48	0.86	1,911	
21	母が注意すると不機嫌になる	61.5	20.0	12.5	3.8	2.2	0.65	0.98	1,839	***
		68.2	20.4	6.8	3.1	1.4	0.49	0.86	1,932	
22	母に対するしつような要求	68.0	21.0	8.8	1.4	0.8	0.46	0.77	1,849	***
		81.7	13.6	3.2	0.8	0.7	0.25	0.62	1,939	
23	母に対する攻撃的な言動	83.1	11.3	4.7	0.4	0.5	0.24	0.60	1,847	***
		89.3	7.5	2.3	0.6	0.4	0.15	0.50	1,940	

注）1. 表中の数字は有効回答数に対する各得点の回答数の百分率（%）を表す。$^{**}p<0.01$，$^{***}p<0.001$
　　2. 各項目の上段は小学生，下段は中学生のデータを表す。
　　3. 小中の得点分布の有意差検定は Wilcoxon の順位和検定を実施した。

●表2-11 修正 SADQ の因子分析（バリマックス回転後の因子負荷量）

番号	項目	Ⅰ	Ⅱ	Ⅲ	Ⅳ	共通性
6	母とのやさしい接触を求めてくっつく	**0.700**	0.163	0.028	−0.048	0.520
		0.571	0.172	−0.021	−0.022	0.356
7	外出や帰宅時，母にまといつく	**0.692**	0.204	0.012	−0.055	0.523
		0.641	0.207	−0.093	−0.081	0.468
8	家族のことを母に相談する	0.320	**0.480**	0.095	−0.086	0.349
		0.366	**0.502**	0.026	−0.141	0.407
10	学校のことを母に相談する	0.163	**0.710**	0.054	0.018	0.533
		0.247	**0.687**	−0.003	−0.097	0.543
11	母といっしょでなくバスに乗る	0.008	0.088	0.035	**0.526**	0.285
		0.294	0.107	**−0.635**	−0.068	0.505
12	寝るとき，母にまといつく	**0.690**	0.089	0.093	0.067	0.497
		0.623	0.077	−0.281	−0.133	0.491
14	母といっしょでなくまち中へ行く	−0.023	0.053	−0.005	**0.534**	0.289
		0.180	0.094	**−0.646**	0.061	0.462
16	友達のことを母に相談する	0.128	**0.699**	0.114	0.057	0.521
		0.138	**0.711**	0.008	−0.162	0.550
19	母なしで２分以上の所に外出する	−0.036	−0.013	−0.080	**0.359**	0.137
		0.058	0.012	**−0.510**	0.032	0.265
20	関心事を母に相談する	0.213	**0.597**	0.140	−0.029	0.422
		0.096	**0.631**	0.034	−0.220	0.457
21	母が注意すると不機嫌になる	0.062	0.187	**0.563**	−0.008	0.356
		0.063	0.138	−0.002	**−0.547**	0.322
22	母に対するしつような要求	0.112	0.232	**0.507**	0.013	0.323
		0.119	0.176	−0.005	**−0.560**	0.359
23	母に対する攻撃的な言動	0.045	0.130	**0.534**	0.048	0.306
		0.087	0.150	−0.078	**−0.577**	0.369
	因子負荷量二乗和	2.706	2.188	1.257	0.979	
		2.349	2.046	1.762	1.503	
	寄与率（%）	11.8	9.5	5.5	4.3	
		10.2	8.9	7.7	6.5	
	累積寄与率（%）	11.8	21.3	26.7	31.0	
		10.2	19.1	26.8	33.3	

注）1. 各項目の上段は小学生，下段は中学生のデータを表す。
2. この表では，修正 SADQ のサブスケールに採用された項目のみを示す。
3. Ⅰを *affection*，Ⅱを *communication*，Ⅲを *aggression*，Ⅳを *travel*（ただし，中学生ではⅢとⅣが逆）と命名する。

まず、因子ⅠとⅡについては、因子負荷量が相対的に大きい項目が小中に共通にそれぞれ三つ、四つあり、原法にならって前者を*affection*（=6+7+12）と、後者を*communication*（=8+10+16+20）と命名した。*affection*は子どもの母親への身体的あるいは情緒的接触欲求を、*communication*は子どもの母親との言語的接触や援助欲求をそれぞれ表している。

次に、因子ⅢとⅣについては、小中で逆になったが、原法にならって*travel*（=11+14+19）と、新たに*aggression*（=21+22+23）と命名した。*travel*は外出時の子どもの母親への同伴欲求を、*aggression*は子どもの母親への攻撃的な言動をそれぞれ表している。

なお、原法にあった*assistance*というサブスケールは明瞭な形に抽出できなかった。

〈修正SADQのサブスケール〉

1．サブスケールの得点

表2-12に、修正SADQの各サブスケールとそれらの総計（以下、SADQと呼ぶ）の平均得点、標準偏差とクロンバックのα係数[☆54]を示し、中学生については再テストのα係数を加え

●表2-12　修正SADQサブスケールの平均得点とα係数

サブスケール	平均	標準偏差	α（第1テスト）	α（再テスト）
affection	1.96	2.63***	0.788	
(=6+7+12)	0.25	0.86	0.586	0.658
communication	2.40	2.91***	0.777	
(=8+10+16+20)	1.19	2.17	0.781	0.667
travel	2.41	1.76***	0.295	
(=11+14+19)	1.85	1.87	0.466	0.567
aggression	1.35	1.81***	0.622	
(=21+22+23)	0.88	1.52	0.618	0.683
SADQ	8.01	5.92***	0.742	
	4.17	4.12	0.697	0.673

注）1．各項目の上段は小学生，下段は中学生を表す。
中学生については再テスト（n=115）のα係数も示した。
2．小中の比較はWilcoxonの順位和検定を用いた。
3．各サブスケールを構成する修正SADQ項目番号を（　）内に示す。
また，SADQは4つのサブスケール得点の和を示す。

た。すべてのサブスケールおよびSADQにおいて、小学生の方が中学生より有意に高値であった。また、質問紙項目の内的一貫性を表し、信頼性のひとつの尺度とされるα係数は、*travel*をのぞいた他のサブスケールとSADQにおいて約0・6から約0・8の高値であった。

2．サブスケール間の相関係数

修正SADQの構成概念妥当性を検証するために、表2-13に修正SADQの各サブスケールおよびSADQ間のピアソンの積率相関係数を示す。各相関係数はすべて順相関で、また有意性検定を行なった結果、中学生の*affection*と*travel*間をのぞいたすべての相関係数の有意性が確認された。

各サブスケールとSADQとの相関係数をみると、小学生では*travel*をのぞいた他のサブスケールで、中学生は*affection*をのぞいた他のサブスケールで相関係数が約0・6から約0・8の強い相関があった。

各サブスケール間の相関係数をみると、小学生では0・1から0・4程度、中学生では0・3程度までの弱い相関で、いずれも各サブスケールとSADQとの相関係数を上回らなかった。したがって、修正SADQはほぼ独立な四つのサブスケールで構成されているといえる。

●表2-13　修正SADQサブスケール間の相関係数

					小学生
	affection	*communication*	*travel*	*aggression*	SADQ
affection		0.39***	0.07**	0.18***	0.71***
communication	0.27***		0.17***	0.26***	0.79***
travel	0.02	0.21***		0.16***	0.46***
aggression	0.09***	0.25***	0.27***		0.56***
SADQ	0.40***	0.75***	0.66***	0.64***	
中学生					

注）ピアソンの相関係数の有意性検定の結果を示す。$^{**}p<0.01$，$^{***}p<0.001$

3. 性・学年別の特徴（標準値）

表2-14に修正SADQサブスケール得点の性・学年別分布を示す。

性別では、SADQは小中とも女の方が高値であったが有意差はなかった。*affection*は小中とも女の方が高値であったが有意なのは中学生のみであった。*communication*は小中とも有意に女の方が高値であった。*travel*は小中とも有意に男の方が高値であった。*aggression*は小中とも男の方が高値であったが有意なのは小学生のみであった。

学年別では、SADQは学校・学年が上がるにつれて有意に低値になった。*affection*と*communication*もだいたい学校・学年が上がるにつれて有意に低値になった。*travel*は小学生では小1の最低値以外はほとんど変化せず、中学生では中2が最高値であったが、小中とも学年による大きな違いはなかった。*aggression*は小学生では低学年の方が高学年よりやや高値で、中学生では中2が最高値であったが、小中とも学年による大きな違いはなかった。

●表2-14　修正SADQサブスケールの性・学年別分布（標準値）

			affection		*communication*		*travel*		*aggression*		SADQ	
			平均	標準偏差	平均	標準偏差	平均	標準偏差	平均	標準偏差	平均	標準偏差
性	小学生	男	1.89	2.59	2.09	2.65***	2.65	1.80***	1.43	1.86*	7.97	5.66
		女	2.03	2.66	2.74	3.14	2.15	1.67	1.26	1.75	8.05	6.20
	中学生	男	0.17	0.71***	0.84	1.70***	2.04	1.94***	0.90	1.56	3.91	3.85
		女	0.36	1.00	1.52	2.45	1.66	1.76	0.86	1.49	4.32	4.31
学年	小学生	1年	3.31	2.89***	3.77	3.56***	2.04	1.82**	1.66	1.90***	10.75	6.72***
		2年	3.34	2.88	3.24	2.96	2.41	1.63	1.76	2.01	10.74	6.06
		3年	2.32	2.81	2.48	2.75	2.48	1.52	1.43	1.87	8.57	5.83
		4年	1.90	2.51	2.54	2.95	2.49	1.60	1.15	1.60	8.08	5.68
		5年	1.19	2.07	1.83	2.59	2.48	1.87	1.27	1.79	6.54	5.02
		6年	0.83	1.84	1.49	2.36	2.42	1.95	1.08	1.70	5.73	5.05
	中学生	1年	0.40	1.08***	1.42	2.43**	1.85	1.72	0.83	1.47*	4.42	4.41*
		2年	0.21	0.71	1.05	1.89	1.92	1.92	0.98	1.52	4.13	3.84
		3年	0.18	0.79	1.12	2.16	1.78	1.95	0.84	1.58	3.84	4.16

注）統計的検定は一元配置分散分析を用いた。* $p<0.05$, ** $p<0.01$, *** $p<0.001$

4．ラター親用質問紙との関連[☆43][☆44]

表2-15に、修正SADQサブスケール得点とラター得点間のピアソンの積率相関係数を示す。小中とも*aggression*の相関係数が0・5弱であり、他の三つのサブスケールの相関係数がいずれも0・2未満だったのに比してラター得点との相関が強かった。そして、SADQとラター得点間の相関係数は小学生0・35、中学生0・37と中程度であった。

ラ氏テストのカットオフポイントとされている13点以上の群を高得点群として、それ未満の低得点群との修正SADQサブスケール得点の比較を図2-34に示す。SADQは小中とも高得点群が有意に高値であった。また、各サブスケールとも（小学生の*travel*をのぞいて）高得点群の方が有意に高値であった。

5．登校状況との関連

「心理的な原因あるいはさしたる理由がなく学校を一日以上欠席した群」を欠席群として、それ以外の登校群との修正SADQサブスケール得点の比較を図2-35に示す。SADQは小中とも欠席群の方が有意に高値であった。

●表2-15　修正 SADQ とラター得点の相関係数

サブスケール	小学生	中学生
affection	0.18	0.09
communication	0.19	0.20
travel	0.10	0.17
aggression	0.47	0.48
SADQ	0.35	0.37

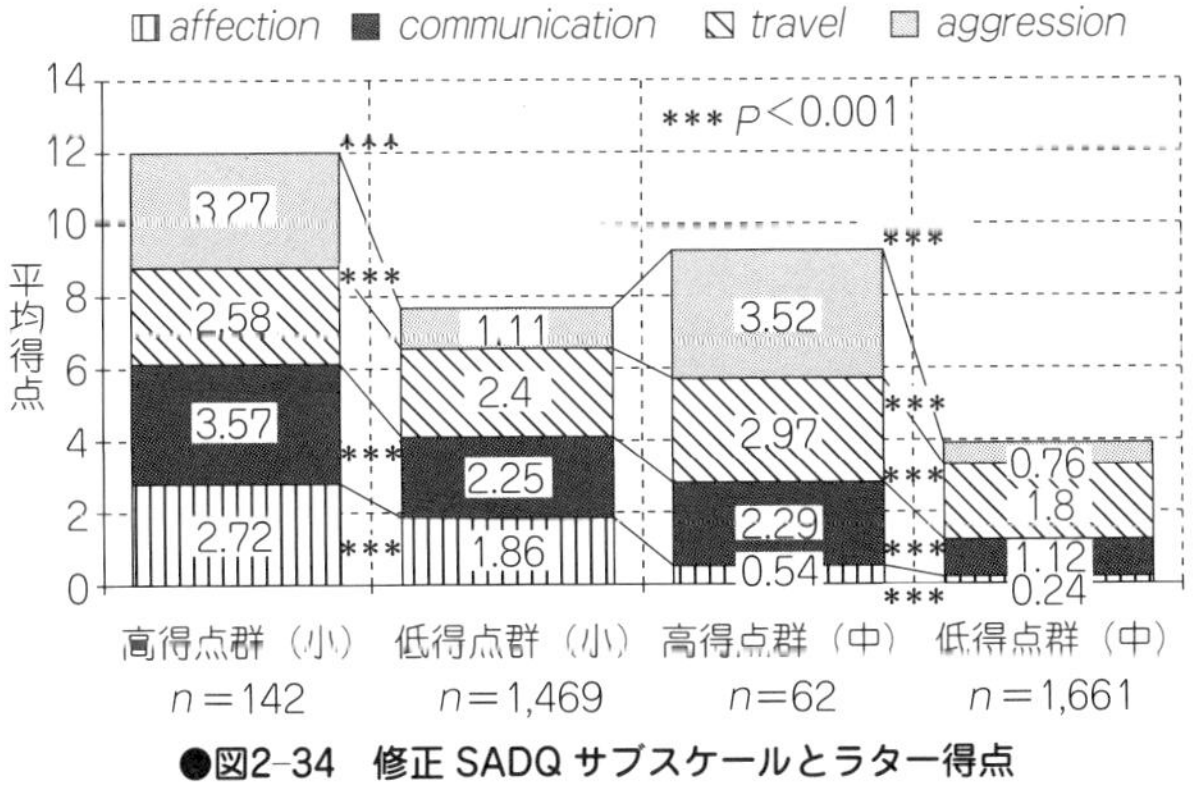

●図2-34　修正 SADQ サブスケールとラター得点

また、小中ともすべてのサブスケールで欠席群に高値の傾向があったが、そのうち有意だったのは、小学生ではcommunicationをのぞいた三つのサブスケールと中学生ではtravelとaggressionであった。

6．いじめとの関連

ラ氏テストの最終項目である「ほかの子をいじめる」あるいは新たに作成した「ほかの子にいじめられる」という項目に陽性回答をした群をいじめ関連群として、それ以外のいじめ非関連群との修正SADQサブスケール得点の比較を図2-36に示す。SADQは小中ともいじめ関連群に有意に高値であった。また、すべてのサブスケールにおいて小中

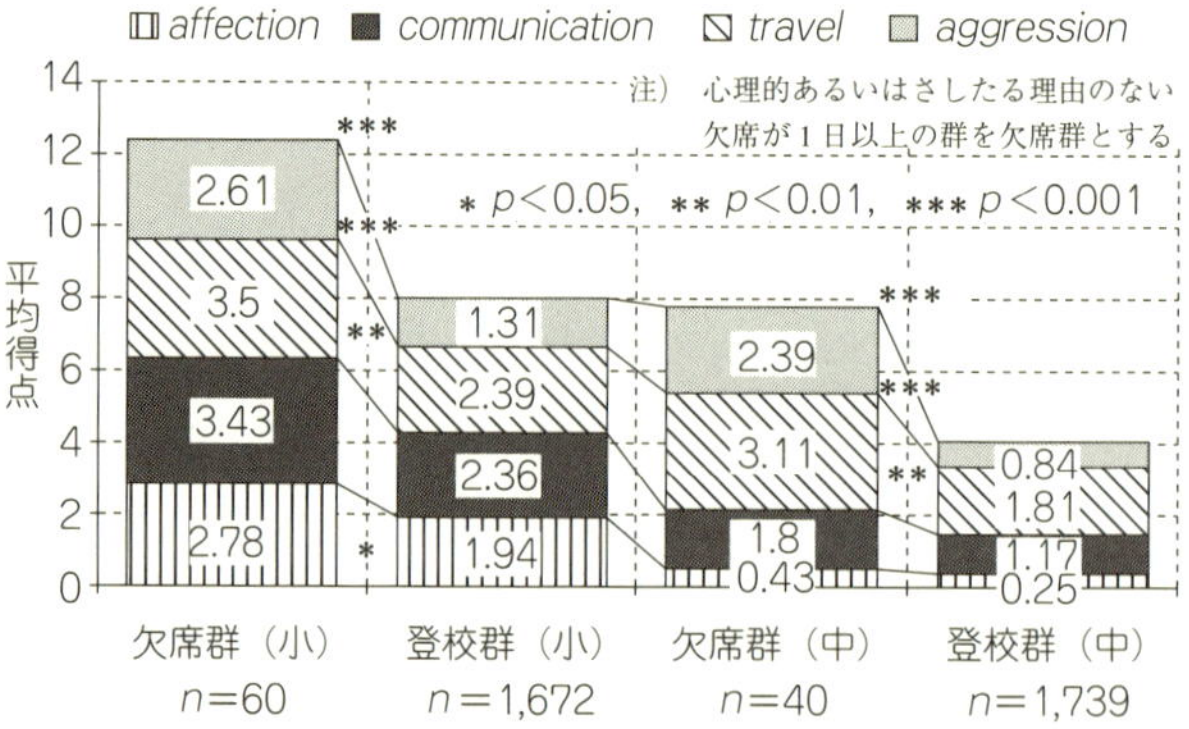

●図2-35　修正 SADQ サブスケールと登校状況

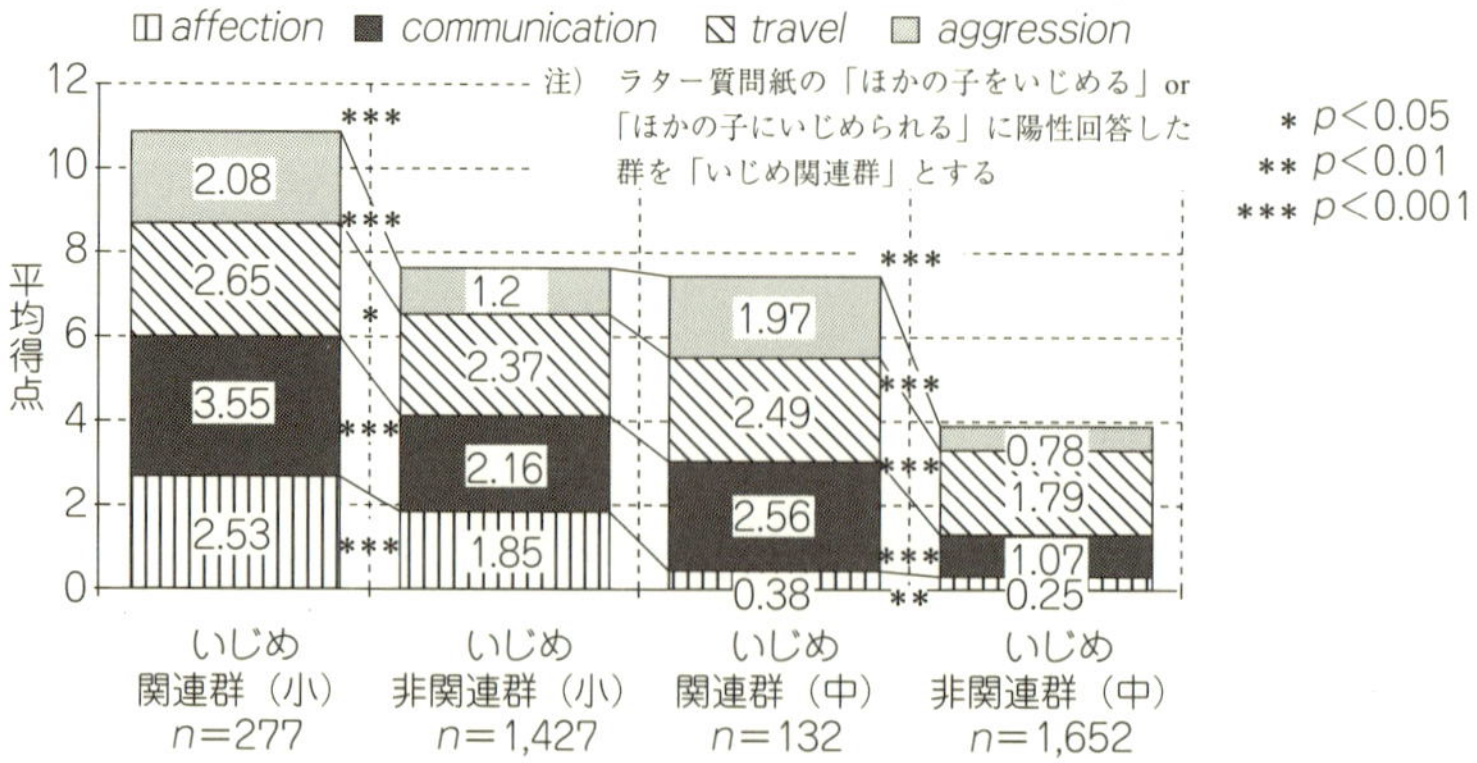

●図2-36　修正 SADQ サブスケールといじめ

ともいじめ関連群に有意に高値であった。

〈修正ＳＡＤＱ（簡易型）〉

以上の手続きを経て、修正ＳＡＤＱのサブスケールを構成する十三項目だけからなる修正ＳＡＤＱ（簡易型）を表2－16に示す。

考察

〈日本語版作成手続きについて〉

外国語の質問紙を邦訳する際には、野口ら[☆55]が指摘する次のような問題がある。第一に、翻訳の正確さを優先すると日本語として不自然になること、第二に、日本人の生活習慣に合わせて用語を改変すると項目の持つ意味の重みに違いが生じる可能性があることである。したがって、国際比較をめざすか、あるいは国内での厳密な使用に限定するかで、翻訳の方向性が分かれることになる。

今回の研究では、最初に筆者が直訳に近い形で翻訳し、それを日本語に堪能な英国人と検討して日本語としてこなれた文章にすると同時に、日本の文化や子どもの生活習慣に即して内容を修正した。また、攻撃性に関する新たな三つの設問文を創設したことによって、内容的には原法とかなり異なる部分も含まれている（修正ＳＡＤＱ簡易型のＮＯ・2、6、11、12、13）。つまり、原法に忠実に邦訳しその調査結果を比較文化的に解釈しようとしたのではなく、原法を手本にして日本の子どもの母子依存／攻撃関係を評価する独自な質問紙を開発しようとしたのである。

サブスケールをみると、*communication*は内容だけでなく項目数も同じなので原法と比較可能性を

●表2-16　修正 SADQ 簡易型（13 項目）

以下に，主にお母さんとの関係面でのお子さんの行動についておききします。過去３か月間の学期中の典型的な１週間において，お子さんが実際にしめされた行動のだいたいの頻度を，次の基準にならってあてはまる記号にひとつだけ○をつけてください。

L：一週に一回以下，またはまったくなし
O：一週に一回くらい
B：一週に一回から一日に一回の間
E：一日に一回くらい
M：一日に一回以上（数回）

1. お子さんはお母さんとのやさしい接触を求めてくっついてきましたか？（例えば，ひざにのったり，だきついたり）	L	O	B	E	M
2. 外出や帰宅時に，お子さんはお母さんにまといついたり，べたべたしましたか？	L	O	B	E	M
3. お子さんは，家族のことについて，いろいろな心配事をお母さんに話して，助けを求めましたか？	L	O	B	E	M
4. お子さんは，学校のことについて，いろいろお母さんに話して，助けを求めましたか？（宿題は除きます）	L	O	B	E	M
5. お子さんは，お母さんといっしょでなくバスに乗りましたか？	L	O	B	E	M
6. 寝るときに，お子さんはお母さんにまといついたり，べたべたしましたか？	L	O	B	E	M
7. お子さんは，お母さんといっしょでなく，一番近いまち中に行きましたか？	L	O	B	E	M
8. お子さんは，友達のことについて，いろいろお母さんに話して，助けを求めましたか？	L	O	B	E	M
9. お子さんは，お母さんといっしょでなく，家から歩いて２分以上のところに外出しましたか？（学校に行く，まち中に出かけたり，バスに乗ることは含めません）	L	O	B	E	M
10. お子さんは，関心のあることや趣味について，いろいろお母さんに話して，助けを求めましたか？	L	O	B	E	M
11. お子さんは，お母さんが登校や日常生活のことについて注意したりすると，すぐに機嫌が悪くなりましたか？	L	O	B	E	M
12. お子さんは，おこづかいや自分のほしい物をねだったりなど，お母さんにしつような要求をしましたか？	L	O	B	E	M
13. お子さんは，お母さんをことばで責めたり，物にあたったり，あるいは暴力をふるったりしましたか？	L	O	B	E	M

注）各項目の点数はそれぞれ，L=0 点，O=1 点，B=2 点，E=3 点，M=4 点とつけるが，項目 5，7，9 については，L=4 点，O=3 点，B=2 点，E=1 点，M=0 点と逆につける。*affection*＝1＋2＋6，*communication*＝3＋4＋8＋10，*travel*＝5＋7＋9，*aggression*＝11＋12＋13，SADQ＝*affection*＋*communication*＋*travel*＋*aggression*

有している。しかし、*affection*は文化的な行動パターンの違いが如実に反映されてしまうため比較可能性は低い。*travel*は内容的にはほとんど同一だが、交通機関の形態や周辺の地理的環境などの影響を受けやすく、項目数が原法よりひとつ少ないのが難点である。*aggression*は原法にはない新たなサブスケールなので比較は不可能である。

つまり、*communication*以外の修正ＳＡＤＱサブスケールは原法との直接的な比較可能性が低いので、修正ＳＡＤＱは国際比較よりもむしろ日本国内での使用に適しているといえる。

〈信頼性と妥当性について〉

1．信頼性の検討

この種の調査において質問紙の信頼性を検証するには、再検査法による尺度間のピアソンの積率相関係数を算出するのが一般的である。バーグ[☆52]は第一テストと一か月後の再テスト間の相関係数をそれぞれに*assistance*（r＝0・94）、*travel*（r＝0・92）、*affection*（r＝0・77）、*communication*（r＝0・63）、と求めている。

今回の研究では回収率を上げるために対象者の匿名性を徹底したので、第一テストと（中学生では）二か月後の再テスト間での対象者の同定ができなかった。そのため、各々の修正ＳＡＤＱサブスケールのα係数を算出する内的整合法を採用した。カムパリキット[☆56]は、八歳から十二歳のぜん息児の母子依存関係を知るために原法をそのまま用いたが、α係数の値は*affection*と*communication*は比較的高く（0・69〜0・83）、*assistance*は中程度（0・55〜0・58）で、*travel*は低く（0・12〜0・28）、ＳＡＤＱは中程度（ぜん息児0・59、健康児0・62）であった。それらと直接比較することはできないが、今回のα係数の値は、おおまかにいって*affection*と*communication*は同程度かそれら以下、*travel*とＳＡＤＱはそれら以上であったといえる。

2．妥当性の検討

古谷野と長田[☆32]によると、測定の妥当性の評価法は、測定値の統計的特性に依拠する経験的方法と、依拠しない非経験的方法に分けられる。前者には基準関連妥当性、交差妥当性、構成概念妥当性などがあり、後者には表面的妥当性や内容的妥当性があるとされている。

わが国の学齢期の子どもの母子依存／攻撃関係を適切に評価するために基準となり得る質問紙がほとんど存在しないので、今回は基準関連妥当性の検討は行なわず、カムパリキット[☆56]と同じくサブスケール間の相関係数によって構成概念妥当性を検討した。その結果、修正ＳＡＤＱの個々のサブスケール間の相関係数よりＳＡＤＱと各サブスケール間の相関係数の方が大きく、四つのサブスケールの相対的な独立性が確認された。

もちろん、これで修正ＳＡＤＱの妥当性が充分に立証されたわけではない。今後、サブスケールの中でもα係数やＳＡＤＱとの相関係数の値が小さい*travel*を構成する設問文について内容的妥当性を吟味して修正したり、また修正ＳＡＤＱを他の集団に適用して交差妥当性を検討する作業などが必要となろう。

〈依存／攻撃性について〉

マッコビーとマスタース[☆57]によると、依存とはある個人が他者になつき（attachment）、当てにすること（reliance）であり、依存行動は少なくとも対人志向（person–oriented）と仕事志向（task–oriented）の二つに分けられる。原法のSADQでは*assistance*が後者で、他の三つが前者であったのに対して、修正SADQでは四つのサブスケールとも"person–oriented"であった。*assistance*は身じたく、食器洗いやかたづけなどを、子どもができるのに母親がやってあげることをさしている。修正SADQでは*assistance*というサブスケールは抽出できなかったが、バーグ[☆52]は学校恐怖症の子どもの*assistance*と*travel*が健康対照群より高値であるとしている。この結果をもってただちに日英の子どもの依存性のパターンの相違を論ずることには慎重でいたいが、英国では"task–oriented dependency"を表す*assistance*の観点が重要である一方で、わが国では主に"person–oriented dependency"が問題となることを示唆しているといえよう。

イケミ[☆58]は、乳幼児期の共生的な母子関係で培われた日本人に伝統的な相互依存性が、学校不適応の症状、気管支ぜん息、消化性潰瘍、"Vegetative retreat"、"Alexithymia"などの心身症状を修飾していることを論じた。また、相互依存性や集団の和の価値観のために攻撃性や敵意の直接的な表出が回避されてそうした症状になりやすいという。したがって、わが国の子どもの依存性を議論するためには、依存性の裏返しとしての母子関係における攻撃性を正しく評価し、対人不安[☆42]が強い不登校、家庭内暴力、ひきこもり、いじめや心身症状などの現象を客観的にとらえる必要があろう。修正SADQで子どもの母親に対する攻撃的言動の三項目を加えたのはそのためである。

図2–33～2–35でみたように、ラター高得点群、欠席群やいじめ関連群において、修正SADQサブスケール得点が高値を示した。これは、修正SADQとそれらの関連の強さをうかがわせる結果で

あり、修正ＳＡＤＱの内容的妥当性を保証するものである。また、表2–15でみたように、修正ＳＡＤＱサブスケールのうちラター得点との相関係数が突出して高かったのは*aggression*であった。これは、最初に述べたように*aggression*を構成する項目が他の項目とやや異質なことと、ラ氏テストで把握される問題行動や情緒障害が母子関係における子どもの攻撃的言動と関連が強いことを示唆している。

〈応用可能性について〉

以上の議論から明らかなように、今回開発した修正ＳＡＤＱは、わが国の学齢期の子どもの主に母親との関係における依存／攻撃性を行動学的に評価する指標として有用であり、表2–14に呈示した性・学年別の平均値、標準偏差は修正ＳＡＤＱの標準値といえる。

原法を利用して、すでに、てんかん[☆59]、気管支ぜん息[☆56]、登校拒否[☆60]などの子どもの依存性が評価されているが、わが国でも表2–16の簡易型を用いてさまざまな応用可能性が開ける。例えば、子どもの臨床事例、とりわけ、家庭内暴力やひきこもりを伴いやすい不登校の母子依存／攻撃関係の経時的変化や退行度の評価に適用できる。また、臨床事例だけでなく一般人口中で、母子（あるいは父子）の依存／攻撃関係のスクリーニングにも使用できる。さらに、修正ＳＡＤＱを外国語に翻訳して比較文化精神医学的な調査をすることなども期待できよう。

（初出「小児の精神と神経[☆40]」より）

3節　不登校と家庭内暴力

1　はじめに

不登校と家庭内暴力は、本来は別な現象だが、不登校のある時期に家庭内暴力が発現することが多いので、いっしょに考えるとわかりやすい。

もちろん、家庭内暴力を伴わない不登校、あるいは不登校を伴わない家庭内暴力もあり、両者はやや性質を異にする。前者は、環境（主として家族、特に親）からの不快な刺激に比して本人の衝動性や爆発性（すなわち攻撃性）が穏和な場合であり、後者は、その逆の場合が多いように思われる。

そして、不登校と家庭内暴力は、いじめ、校内暴力、非行、薬物依存、摂食障害、自殺などの情緒や行動の問題あるいは精神障害と合併したり、相互に移行し合ったりすることが少なくない。

つまり、子どもと若者のそうした問題行動は、ある一面だけからみるのではなく、発達的な変容も考慮にいれた多面的で柔軟な視点からみることが必要なのである[☆61]。[☆49]

ところで、不登校と家庭内暴力に関連した書物はたくさんあるが、この小論では内容的な偏りと凹凸を恐れずに筆者がこれまでに発表した学術的成果をもとにして簡潔に述べることにしたい。

2　不登校とは

不登校の分類

不登校（nonattendance at school）とは、「学校に行っていない」という客観的事実を中立的に表現したものである。したがって、不安や葛藤によるものだけでなく、怠けや非行による欠席なども含まれているので、その範囲は広い。

米国のヤングらの包括的な分類は35ページに示したので、次に、不登校の日米比較研究から筆者が提案した分類[☆28]を紹介しよう。不登校の発現要因[☆3]について、本人の問題や家族の圧迫が強いタイプを内圧型、友人の圧迫や学校の圧迫が強いタイプを外圧型と呼ぶ。また、不登校の現象形態について、不安・葛藤やひきこもりが目立つタイプを不安内閉型、情緒、気分の障害や逸脱行動が目立つタイプを情緒逸脱型と呼ぶ。それらを組み合わせて、不登校を内圧・不安内閉型、内圧・情緒逸脱型、外圧・不安内閉型、外圧・情緒逸脱型の四型に分ける。なお、治療転帰については、内圧型より外圧型の方が、また不安内閉型より情緒逸脱型の方がそれぞれ良好であった。

不登校の形成因

不登校はどうつくられるのだろうか。不登校の形成因について日米の比較文化精神医学的考察[☆42]から筆者は次のようにまとめた。

日本型の不登校は、早期の母子の情緒的一体関係に端を発した日本人に特有の対人不安のために、社会化の過程における分離―独立をめぐる発達課題の達成が遅れがちになり、ひとたび、管理教育や受験をめぐっての学校の圧迫や陰湿な集団的いじめなどの友人の圧迫により不登校が始まると、他者の「まなざし」などに強くとらわれるあまり、ウチにこもりがちになる特徴がある。

米国型の不登校は、早期に母親からの分離―独立を要請されるための見捨てられ感情が基底にあり、本人の発達障害や今日の米国の社会病理を背景にした家族の病理性があまりに強すぎると、見捨てられ感を補償するだけの自律性が充分に育たないために、学校場面などでのストレスに耐えきれずに問題行動を発症させる特徴があるが、他者の「まなざし」への意識は弱く、ウチにこもらない傾向がある。

不登校の頻度

不登校はどのくらいいるのだろうか。文部省が毎年報告している学校基本調査によると、「学校ぎらい」を理由として一九九七年度に五十日（三十日）以上学校を欠席した児童生徒の率は、小学校0・21％（0・26％）、中学校1・59％（1・89％）と相当の数にのぼっている。

ところが、筆者が千葉県内のある自治体で一九九三年度（中学校）[☆43]と一九九四年度（小学校）[☆44]に調査したデータによると、「さしたる理由がないか、あるいは心理的な理由により」一日以上学校を欠席した児童生徒の率は、小学校11・8％、中学校13・1％と、小中であまり差がなかった。この結果から、小中とも1割強は不登校の潜在群あるいは予備群と考えられ、中学生以降になって不登校に特異的な状態を呈するようになるといえる。

不登校への対応

不登校の子どもに対する家庭での親の対応について、筆者は「押す」と「引く」の二方向で考えている。[☆62]「押す」とは積極的な関心を払い介入していくことで、「引く」とはその逆である。ただし、それには価値判断を与えない。価値判断は子どもに与える影響力の善し悪しで決めるべきで、それぞれ「正」と「負」の対応と名づける（図2-37）。

親の子どもへの理想的な対応法は、次のようにまとめられるだろう。

第一に、子どもの出方に応じて「押す」と「引く」の対応をうまく使い分けること。つまり、「押せば引け」と「引けば押せ」の間合いとタイミングをうまく見極めるのである。そのためには、親が自分自身の日常の対人関係の特徴を吟味して修正する必要があるだろう。

第二に、できるだけいつも「正」の対応を実行すること。つまり、子どもがやって欲しいことをやり、言って欲しいことを言い、その逆をしないことである。よく誤解があるのだが、それは子どもを甘やかすことではなく、子どもを理解し、支え、励まし、必要な援助を与えて、自立促進的に接することなのである。

第三に、父母で協力して歩調を合わせて対応のバランスをとること。たとえば、一方が「押す」対応をしたら他方は「引く」対応をするなど、

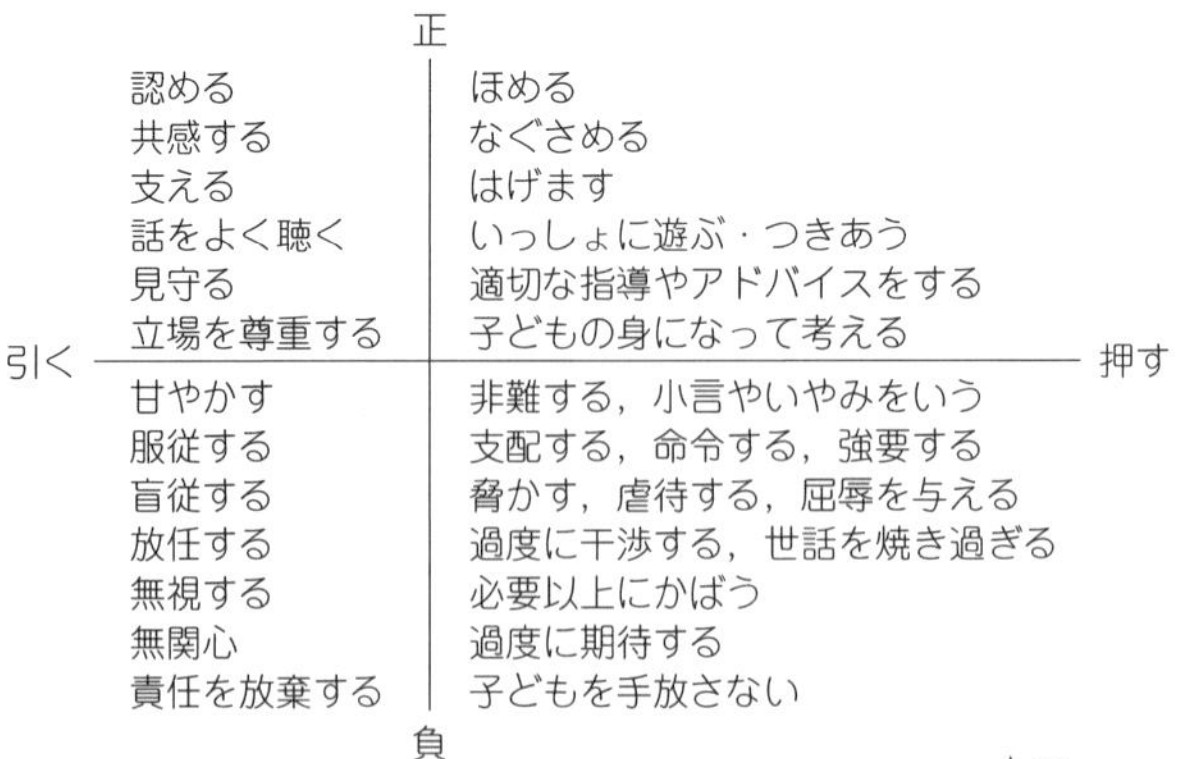

	正	
	認める	ほめる
	共感する	なぐさめる
	支える	はげます
	話をよく聴く	いっしょに遊ぶ・つきあう
	見守る	適切な指導やアドバイスをする
引く	立場を尊重する	子どもの身になって考える	押す
	甘やかす	非難する，小言やいやみをいう
	服従する	支配する，命令する，強要する
	盲従する	脅かす，虐待する，屈辱を与える
	放任する	過度に干渉する，世話を焼き過ぎる
	無視する	必要以上にかばう
	無関心	過度に期待する
	責任を放棄する	子どもを手放さない
	負	

●図2–37 「押す」と「引く」，「正」と「負」の対応[☆62]

全体の調和をとり、極端に偏った対応をしないことである。これには、まず夫婦間のコミュニケーションが日頃から円滑に行なわれ、夫婦円満であることが前提である。

第四に、日々の対応にばかり目を奪われないで、子どもに対する絶対的な愛情と信頼感を失わないこと。自分達で産み、慈しんで育ててきた子どもを、学校に行かなくなったくらいでなぜ親は悩み、責め、右往左往するのだろうか。親が心底から子どもに向き合っていないからではないか。子どもの立場を認めずに親の世間体やエゴを優先していないかどうか、よく考えるべきである。

次に、不登校の初期対応の原則について強調しておこう。学校に行けなくなりはじめの頃は、本人の不安とあせりが強く、親のささいな刺激で子どもの不穏な反応を誘発してしまうことがよくある。これがこじれると典型的な家庭内暴力に発展する可能性があるが、この時期の対応の基本は「落ち着かせること」につきるだろう。そのためにできるだけ登校刺激や日常生活上の注意はひかえるようにする。つまり、「正」の「引く」対応に徹するのである。本人が「落ち着いて」きて登校意欲が少し出てきた頃にはじめて「押す」対応を試みるのであるが、状況に応じていつでも「引く」対応にもどれるようにしておくことが大切である。

もちろん、不登校がこうじて、筆者がPSW（Persistent Social Withdrawal：執拗な社会的ひきこもり[☆63]）と呼んでいる深刻な事態に陥った場合の対応法は、さらなる工夫と忍耐が要る。

3　家庭内暴力とは

家庭内暴力を「家庭内で発生したすべての暴力行為」と定義すれば、国際的に頻度が高い夫婦間暴力☆64、子ども虐待、祖父母虐待、子から親きょうだいへの暴力などすべてを含めるべきであるが、わが国では「日本型親子関係の病理」☆65として子から親への暴力をさすことが多い。

家庭内暴力の特徴

家庭内暴力は、言葉によるもの（心理的暴力）、物にあたるもの（器物損壊）と身体的暴行に大きく分けられるが、その被害の程度は暴力の強さや持続期間などによってさまざまである。たいがい子どもは手加減をしているが、その時のはずみや精神障害の重篤さによっては、致命的な暴行にいたることもまれではない。その特徴をまとめてみよう。

第一に、ほとんど家庭内で起きる（場面性の限定☆61）。子どもは外面はよいが家の中では「暴君」という二面性を持つ。親も子どもが家で暴れている事実を隠したがる。つまり、当事者しかわからない密室の閉鎖系での出来事なのである。それが出口がない攻撃性といわれる所以である。

第二に、ほとんど親が攻撃される（対象性の限定☆61）。攻撃は自己にではなくひたすら家の中の他者に向かう（攻撃の他向性☆61）。親きょうだいのやることなすことあらゆることが追求・非難・攻撃の材料になる。が、時に何らかのきっかけで、奥に秘めていた自罰傾向あるいは自殺衝動が表面化する場合がある（攻撃性の転換☆61）ので注意を要する。

第三に、独特の論理構築がみられる。強烈な被害者意識を持った加害者といえる。その現実的根拠が希薄な場合は妄想様の非論理的固執観念となる。暴力の正当化や罪悪感の乏しさは、自己破滅感の払拭あるいは現実否認のための責任転嫁、すなわち投影的同一視という原始的な防衛機制によるものとみなせることがある。

第四に、家族の歴史性がゆがんだ形で表現される。子どもの身体発育とともに養育過程での親子の加害―被害および支配―服従関係が逆転し、子どもの仕返しと復讐の願望が具現化する。その契機が、父母間の不和、家族崩壊の予感や子ども自身の社会適応不全であったりする。が、危機を先取りした子どもの警告あるいは親の理解や救いを求める悲痛な叫びとみなせることもある。

家庭内暴力への対応

家庭内暴力の治療対応は非常にむずかしい。それは、ひとつは、加害者である本人はめったに来院せず、たとえ来たとしても治療者が全面的に味方につかない限り治療関係を維持しづらいばかりか、治療による暴力抑止効果はすぐには期待できないからである。もうひとつは、被害にあっている家族の暴力回避や救援が急がれるため、本人にとっては納得できない方針を治療者がとらざるを得ないことがあるからである。さらには、本人を家族から離して適切な治療が行なえるような一時預かり所や施設がまだほとんどないからである。

以下、家庭内暴力への治療対応の基本を述べたい。

まず、暴力を沈静化させ無効とすることが先決である。それには、①易怒興奮の刺激となる家族の言動をひかえる、②本人との物理的接触を減らすあるいは親子分離を図る、③第三者が仲介あるいは常駐する、④向精神薬（特に強力精神安定剤）を使用する、などの方法があげられる。それでも暴力が一向におさまらず、家族が耐えきれなくなり、生命の危機が差し迫った最終局面段階では、やむを得ず警察官通報、強制的入院などの措置に踏み切る場合もある。
次に、長期的見地に立って本人と家族の同時進行的治療を進めていく。本人の性格改善や精神障害の治療はもとより、家族カウンセリングや家族療法を実施して、暴力を生み出した家族全体の問題を修正していく必要がある。「親が変われば子も変わる」ことは実際多いのである。

（初出「現代のエスプリ☆66」より）

3章 いじめ・校内暴力

1節 いじめ・校内暴力とは

はじめに

今日、いじめ・校内暴力は不登校、非行、薬物乱用や自殺と並んでわが国の学校精神保健の重要な課題である。

文部省（当時）は、いじめを「①自分より弱いものに対して一方的に、②身体的・心理的な攻撃を継続的に加え、③相手が深刻な苦痛を感じているもの。なお、起こった場所は学校の内外を問わないものとする」として、全国の公立校での発生件数を把握している。☆1 一九九七年度に発生したいじめの件数は、小学校一万六二九四件、中学校二万三二三四件、高校三一〇三件、盲・聾・養護学校一五九件、計四万二七九〇件にのぼった。中学校では一校あたり二・二件発生したことになる。

いじめは、不登校や自殺などの子どものさまざまな情緒障害や問題行動と結びつきやすく、場合によっては、PTSD（心的外傷後ストレス障害）や社会的ひきこもりなどになり、その後の人生に大きな影響を及ぼすことがある。☆2

校内暴力は、文部省は一九九七年度からあらたに「学校の内外での自校の児童生徒が起こした暴力行為」を調査対象にしている。☆1 九七年度に学校内で発生した暴力行為は、小学校一三〇四件、中学校一万八二〇九件、高校四一〇八件あり、学校外では、小学校一二八件、中学校三三七六件、高校一四〇一件にのぼった。

以下、紙幅の許す範囲で、いじめ・校内暴力について重要な点を中心にまとめよう。

いじめ・校内暴力の定義

右の文部省の定義の他に、警察庁☆3は「単独または複数の特定人に対し、身体に対する物理的攻撃または言動による脅し、いやがらせ、無視等の心理的圧迫を反復継続して加えることにより、苦痛を与えること（ただし、番長グループや暴走族同士による対立抗争事案を除く）」としていじめに起因した事件を報告している。それらは長期的には減少・低下しているものの、加害者側が加える攻撃だけでなく、被害者側の仕返しとしての殺人、傷害あるいは自殺も発生していることが指摘されている。

江川☆4は、いじめの本質的な三要件として、①同一集団内への所属、②一方的な攻撃的・加害行動、③意図性、をあげ、「たとえ軽微のようにみえてもいじめを受けている者がそれによって心理的苦痛を感じていればりっぱないじめである」と強調している。
ところで、校内暴力は学校と関係の深い非行とみなせる。それは対教師暴力、生徒間暴力、対人暴力、学校の施設・設備等の器物損壊の四形態に分けられるが、筆者は校内暴力を「学校内で発生したすべての暴力行為」とし、教師による生徒への体罰も含めて考えている。[☆5]
また、生徒間暴力は報道時期によってはいじめとして扱われることがある。一九八〇年九月に同級生による暴行や恐喝に耐えきれずに自殺した大阪・高石中学1年の中尾隆彦君の事件は校内暴力とされた。が、同様の事件と考えられる、東京・中野富士見中学2年の鹿川裕史君（一九八六年二月）や愛知県西尾市東部中学の大河内清輝君（一九九四年十一月）の事件はいじめ自殺とされた。[☆6]

いじめ・校内暴力の内容

文部省調査によれば、いじめの内容は、「冷やかし・からかい」「言葉での脅し」「仲間はずれ」「暴力」「持ち物隠し」の順に多く、小中高と学校が上がるにつれて、「冷やかし・からかい」や「仲間はずれ」が減り、「暴力」や「言葉での脅し」が増える傾向があった。

これらの多彩な行為をいじめとして一括するのには無理がある。深谷は、[☆7]いじめとその類似行為を、①けんかや意地悪、②「いじめ」、③いじめ非行、の三つに分類した。①けんかや意地悪は、幼い頃にだれにもみられる健康なものである。②「いじめ」は、「菌ごっこ、無視や仲間はずれ、悪質な悪口、嫌がらせ、落書き、物を隠す」などのいわゆるいじめの本体であり、わが国に特有のもので、差別、嫉妬やねたみに支えられたゲーム的行動とみなせる。③いじめ非行は、「暴力、カツアゲ、使いパシリ、物を壊す、嫌がることを強制する」など非行性の強いもので、時に自殺の直接動機となることがあり、諸外国でもよくみられるものである。とりわけ、③いじめ非行は、犯罪あるいは校内暴力として扱われるべきものと考えられる。

また、対教師暴力の具体例としては、次のような行為があげられる[☆8]。

①教師が廊下を通りかかると、立ちふさがり、急に足を出して転倒させる。②教師に罵声を浴びせる。③教室に入るように注意した教師に、偉そうにするなと殴りかかる。④喫煙を注意され、なぜおれだけに偉そうなことをいうかと足蹴りにする。⑤教師を土下座させ、竹刀でめった打ちにする。⑥ヌンチャクで教師の顔面や頭部を乱打する。⑦教師をバット、木刀、モップの柄で殴る。⑧教師に「おまえら殴れるものなら殴ってみい、すぐクビやぞ」とうそぶく。⑨体育館用の靴を履かないことを注意され憤慨し、所持していたナイフで教師の腰を刺す。⑩女性教師の髪やセーターにライターで火をつける。⑪女性教師の目の前に、膨らませたコンドームを突きつけて、「おれとやんねえか」とからかう。⑫モデルガンを教師の眉間をめがけて発射する。

さらに、生徒間暴力の具体例としては、次のような行為があげられる[☆8]。

①部活動を怠けた下級生に対して、上級生が集団で暴力をふるう。②成績がよく人気のある友達を呼び出し、その子の手のひらにたばこの火を押しつける。③番長グループを抜け出そうとした友達をグループの仲間でリンチをする。④女の友達を生意気だと屋上に連れ出し、「性器に棒を突っ込んでやろうか」と脅かす。⑤気の弱い友達を脅かし、金品をまきあげ、持ってこないと殴る。

いじめ・校内暴力の特徴

江川[4]は、今日のいじめの特徴について、①日常化とゲーム化、②集団化と構造化、③巧妙化と陰湿化、④長期化、⑤正当化、の諸点をあげている。

また、森田[9]は、学級をおおう「加害者」「被害者」「観衆」「傍観者」からなるいじめ集団の四層構造論を提唱している。「観衆」と「傍観者」はいじめを助長したり、抑止する重要な役割を持ち、時に「被害者」や「加害者」に転じることがあるという。

このように、今日のいじめは学級のほとんどに浸透し、陰湿化・偽装化されている。いじめられた側はチクリの仕返しの怖さやプライドがあるために親や教師にいじめの事実をなかなか告げたがらない。しかも、いじめた側は加害者意識に乏しい。そのためにいじめの発見はどうしても遅れがちになるのである。

ちなみに、そういう問題意識から、子どもの客観的な様子をみていじめの有無を予測するために、筆者が中学生とその母親を調査対象にして開発したいじめ・いじめられの予測確率モデル式によれば、少なくともいじめられの半数近くは予測可能であった[10]。

ところで、歴史的にふり返ると、一九七〇年代初めには学園闘争がやや下火になり、それにかわって一部の高校生の間にツッパリやスケバンと呼ばれる「不良生徒」が出現し、それが全国に拡がり、七〇年代末には右翼的・威圧的なスタイルで学校秩序に挑戦する校内暴力を各地で起こした。その頃には高校で厳しい懲戒処分が発動された。七九年の大学共通一次試験開始、偏差値による高校受験指導「輪切り現象」など、教育のさまざまな矛盾が深まる中で、八〇年前後には再び校内暴力が頻発し始め、それに呼応して体罰や管理主義が横行し、激しい対教師暴力に対して時に警察力も導入された。その結果、八〇年代半ばには校内暴力が鎮火したかにみえたが、今度は陰湿な集団いじめが目立ち始めた。同時に、不登校も増加し続けている[☆5]（図３−１）。

またごく最近では、八〇年代とは異なる「新しい荒れ」が全国に急速に拡がっているといわれている[☆11]。その特徴として、①集団的・組織的なものから個人的なものへ、②目的がはっきりした反抗的なものから遊び的・欲望発散的なものへ、③因果関係の見えるものから無差別・衝動的な暴発へ、などの変化が指摘されている。とりわけ、対教師暴力と生徒間暴力においては、加害生徒が集団から個人に転じていることが実証的に裏づけられた[☆5]（図３−２、図３−３）。

いじめ・校内暴力への対応

子どもがいじめのサインを発したり、いじめられていることを訴えた場合は、まわりの人は次のような対応をするとよいだろう[☆2]。

① 加害、被害のいずれに関わらず、子どもの言うことを途中でさえぎらないで最後までじっくり傾聴する。

② いじめの被害の程度を冷静に判断して、必要に応じて、精神科医やカウンセラーに相談しつなげる、難を避けて家で休ませる、転校するなどの措置を講ずる。

③ 子どもを取り巻く人々でネットワークをつくり、事実関係を正確に把握して、互いに力を合わせていじめをなくすように努める。

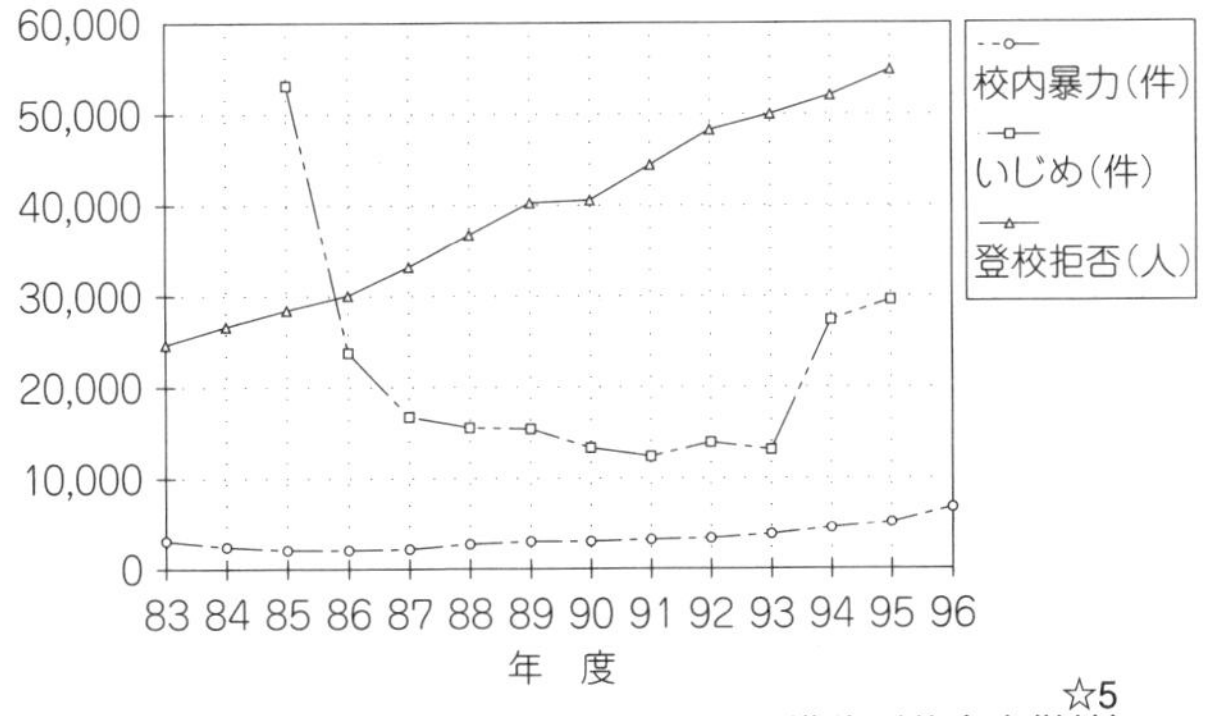

図3-1 校内暴力，いじめ，登校拒否の推移（公立中学校）☆5

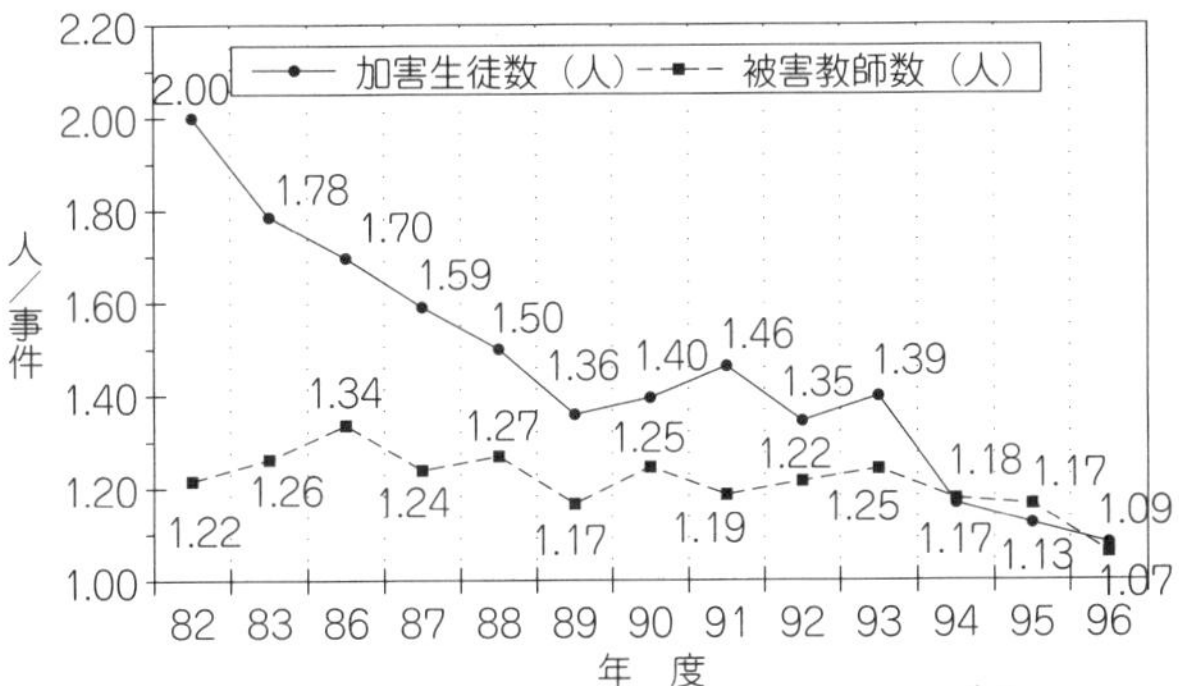

図3-2 対教師暴力1件あたりの加害生徒数・被害教師数の推移（公立中学校）☆5

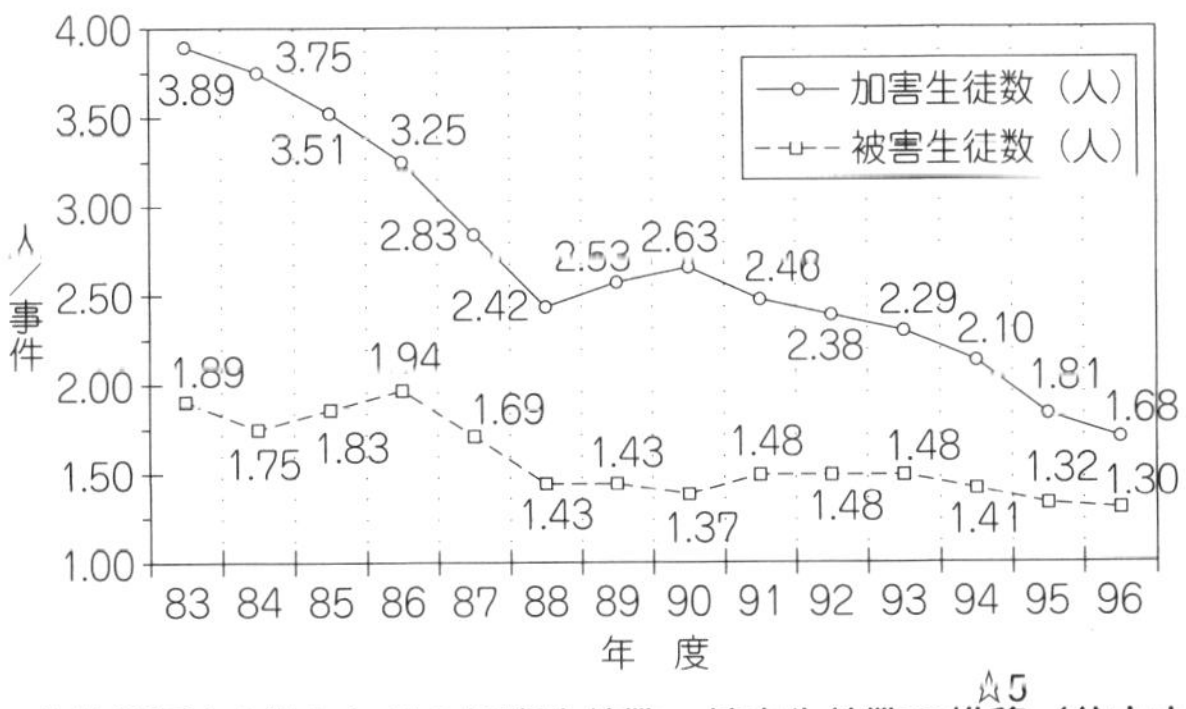

図3-3 生徒間暴力1件あたりの加害生徒数・被害生徒数の推移（公立中学校）☆5

④　こうした対応は一時しのぎではなく、継続的に粘り強く行ない、学級や地域でいじめは絶対に許さないぞという気運を盛り上げていく。

また、思春期の問題行動の中でも校内暴力は学校教育との関連が深い事態である。単に子どもの「荒れ」を管理強化で抑圧して、学校の秩序を回復する方向をめざすだけでは、子どもの陰湿な行動化を再び促進するだけであろう。

その実効的な解決のためには、たとえば、少人数学級の実現、複数担任制の導入、個別指導や生徒理解型指導の徹底、スクールカウンセラーの拡充、中学での単位制やホームスクーリングの導入、学校規模の縮小、地域との交流促進、さらには、共通テストや大学入試の廃止、正しい宗教や倫理教育の導入、義務教育期間の短縮、六・三・三制の見直しなど、金属疲労をきたした観がある今日の学校教育制度の抜本的な改革が必要かもしれない。☆5

（初出　「現代のエスプリ」☆12 より）

2節　いじめの予測

はじめに

子どもにいじめがあるかどうかを見極めるのは簡単なことではない。江川☆13は、いじめ発見が遅れ深刻化しやすい理由として、①そもそも問題がいじめだから、②たかが「いじめ」と思う甘さ、③うちの子・学級に限ってと思う心理、④チクリの仕返しが怖いから、⑤弱い子にもプライドがある、⑥教師や親に対する不信感、の六点をあげている。しかし、親や教師がいじめを見過ごしてしまったために悲惨な結末を招いてしまったケースが、昨今、全国で数多く起こっているのは残念なことである。

したがって、子どもの様子からいじめが起きていることを予想して、早めに適切な対処をすることが望まれる。これまで、いじめられっ子の特徴[☆14]、いじめっ子の特徴[☆15]、いじめっ子・いじめられっ子の性格傾向[☆16]、学校や家庭でわかるいじめの徴候[☆17]など、いじめの早期発見につながるさまざまの手がかりが提出されてきた。が、それらの試みにも関わらず、いじめは減少するどころか、ますます陰湿化、拡散化や重層化の傾向を強めて増加している感がある。

以前、筆者は一般小中学生の母親への疫学調査[☆18][☆19]を実施したが、その際にいじめを「いじめる」と「いじめられる」に分け、母親からみた両者の年代的推移や精神保健上の特徴を浮き彫りにした[☆20]。しかし、子ども自身への調査が欠落していたため、いじめの真相の把握という点で不完全であったことは否めない。今回の研究では、いじめが特に問題視されている中学生にいじめの経験の有無を問い、母親による子どもの精神保健に関する評価と照合した。

その目的は、第一に、いじめ・いじめられの評価について母子の認知の相違を知ることであり、第二に、子ども自身のいじめ・いじめられの申告をもとにして、母親による子どもの情緒障害や問題行動の評価からいじめ・いじめられをおおまかに予測できる式を導くことである。

対象と方法

対象者は、千葉県某市内の公立中学校に在籍する中学生一八九人とその母親（一般群とする）、および筆者の知人・友人を通じて協力してくれた中学生七十二人とその母親（知人群とする）、計二六一人である。表3−1に、両群の学年・性別人数と、一般群については各々の回収率を示す。

調査の方法は母親用（付録2：153頁）と子ども用（付録3：154頁）の調査票を、一般群には教室で配り、知人群には直接母親や子どもに手渡し、無記名で別々にその場や家庭で記入してもらい、それぞれを封筒に密封して回収した。その際に母親と子どもが一致するように、通し番号をふるか、あるいは回収時に大きな同じ封筒に入れるなどの工夫をした。調査は一九九五年の七月から九月にかけて行なった。

調査票は、母親用はラター親用質問紙（以後、ラ氏テストとする）の日本語版☆21、子ども用はいじめ・いじめられの体験の有無とそれらの内容と頻度を、それぞれ過去一年間について尋ねたものである。いじめ・いじめられという用語は定義せずに使ったが、それらの具体的内容については文部省の資料☆22に基づいて作成した。なお、今回の研究の目的は一般中学生のいじめ・いじめられの頻度を求めることではなく、いじめ・いじめられの予測式を求めることなので、なるべく回答がしやすいように子どもの性と学年以外の背景情報は入手しなかった。

〈分析方法〉

まず、いじめ・いじめられについて、母子の認知の相違をみるためにクロス集計を行ない、それぞれの敏感度と特異度を算出した。次に、子どもの申告によるいじ

●表3−1　対象者

	1　年		2　年		3　年		計	
	一般群	知人群	一般群	知人群	一般群	知人群	一般群	知人群
男	38（100%）	13	25（64.1%）	10	31（91.2%）	10	94（84.7%）	33
女	36（100%）	12	31（93.9%）	13	28（84.8%）	14	95（93.1%）	39
計	74（100%）	25	56（77.8%）	23	59（88.1%）	24	189（88.7%）	72
計	99		79		83		261	

注）一般群は公立中学校での調査における回収者数（回収率）を示す

め・いじめられのクロス集計を行ない、それぞれの有無により全体を三群に分けて、それらのラター親用質問紙得点（以後、ラター得点とする）を比較した。その次に、子どものいじめ・いじめられの訴えの内容と頻度を検討した。さらに、いじめ・いじめられの確率予測式を導くために、子どもの申告によるいじめ・いじめられの有無を従属変数として、性・学年とラ氏テスト項目を独立変数とした場合のロジスティック回帰分析（強制投入法）を実施した。

なお、対象者には一般群と知人群があったが、両群を比較することは今回の研究にとって本質的な意味を持たないので、両群をいっしょにして分析を進めた。また、データの解析にはＳＰＳＳ ｆｏｒ Ｗｉｎｄｏｗｓを用いた。

●表3-2　ラター親用質問紙得点分布

番号	項　目	0点	1点	2点
1	頭痛	190	57	13
2	腹痛	211	41	9
3	ぜん息（N）	240	18	3
4	尿失禁	257	2	2
5	便失禁	259	1	0
6	かんしゃく	193	57	11
7	登校時泣く（N）	250	9	2
8	学校を休む	252	7	2
9	どもる	254	7	0
10	話し方に問題	241	19	1
11	盗む（A）	251	8	1
12	食事の問題	187	68	6
13	睡眠の問題（N）	227	31	3
14	落ち着きがない	245	14	2
15	もじもじ	251	9	1
16	物をこわす（A）	241	19	1
17	けんかする	234	24	3
18	好かれない	239	16	3
19	心配症（N）	182	72	6
20	孤独	226	28	7
21	いらいら	168	84	9
22	みじめそう	249	10	1
23	チック	250	8	3
24	指しゃぶり	253	5	3
25	爪かみ	235	18	8
26	従わない（A）	128	115	18
27	注意散漫	188	63	9
28	こわがる（N）	177	79	4
29	騒ぐ	236	21	4
30	うそをつく（A）	223	35	3
31	いじめる（A）	251	8	2
32	いじめられる	239	16	6

注）32「いじめられる」は筆者があらたにつけ加えた項目である。

結果

〈ラター親用質問紙〉

表3−2に、子どものこの一年間の行動の様子を母親が評価したラ氏テストの各項目の得点の度数分布を示す。表中の項目にあるN、Aは、それぞれラターが定義した神経症項目、反社会項目である。1〜31番までの項目の得点を合計したラター得点は4・46±4・69点（平均±標準偏差：N＝249）であった。なお、「4．尿失禁」と「5．便失禁」の項目は陽性率が低く、また筆者の中学生への調査[☆18]でも陽性率がそれぞれ0・8％、0・6％と低値であったことから、中学生には適さない項目と考え、以後のいじめ・いじめられ確率予測式導出の際の独立変数からはそれらを除くことにした。

〈いじめ・いじめられの母子の認知〉

1．「いじめる」について

表3−3に、「ほかの子をいじめる」についての母親の三段階評価と、「ほかの子をいじめたことがありますか」について子どもが「はい」「いいえ」で答えた結果のクロス集計を示す。子どもが「あり」と答えたうちの母親が「あてはまる」とした敏感度は11・7％であった。また、子どもが「なし」と答えたうちの母親が「あてはまらない」とした特異度は99・0％であった。

●表3−3 「いじめる」の母子認知

子＼母	得点 0	1	2	合計
なし	192	1	1	194（76.4%）
あり	53	7	0	60（23.6%）
合計	245	8	1	254（100%）

注）1．母の得点：0＝あてはまらない，1＝ややあてはまる，2＝よくあてはまる
2．敏感度＝(7＋0)/60＝11.7%
特異度＝192/194＝99.0%

●表3−4 「いじめられる」の母子認知

子＼母	得点 0	1	2	合計
なし	207	3	2	212（81.5%）
あり	32	12	4	48（18.5%）
合計	239	15	6	260（100%）

注）敏感度＝(12＋4)/48＝33.3%
特異度＝207/212＝97.6%

2.「いじめられる」について

表3-4に、「ほかの子にいじめられる」についての母親の三段階評価と、「ほかの子にいじめられたことがありますか」について子どもが「はい」「いいえ」で答えた結果のクロス集計を示す。敏感度は33・3%、特異度は97・6%であった。

〈子どものいじめといじめられの関係〉

表3-5に、子ども自身の申告による「いじめる」と「いじめられる」のクロス集計を示す。全体を、前者のみ「あり」とした純加害群（N＝37）、後者のみ「あり」とした純被害群（N＝20）、両者を「あり」とした混合群（N＝23）と、両者とも「なし」とした非いじめ群（N＝174）に分ける。それぞれの割合は、非いじめ群68・5%、純加害群14・6%、混合群9・1%、純被害群7・9%の順であった。また、それぞれのラター得点を比較すると、純被害群（7・37±6・89点）、混合群（7・05±6・38点）、純加害群（4・64±3・24点）、非いじめ群（3・77±4・19点）の順であった。

●表3-5 「いじめる」と「いじめられる」の関係

		いじめられる		
		なし	あり	合計
いじめる	なし	174	20	194
	あり	37	23	60
	合計	211	43	254

注） 純加害群＝37/254＝14.6%
純被害群＝20/254＝7.9%
混 合 群＝23/254＝9.1%

●表3-6 「ほかの子をいじめる」の内容と頻度（複数回答）

内容	1/時間以下	1/日以下	1/週以下	1/月以下	1/学期以下	無記載	合計（N=60）
1. 冷やかしたり，からかった	6	12	8	4	3	1	34(56.7%)
2. グループで無視した	3	8	2	3	4		18(30.0%)
3. 仲間はずれにした	2	9	2	3	5	1	22(36.7%)
4. ことばでおどした	1	2		3			6(10.0%)
5. 持ち物をかくしたり，こわした		1	2	1	3		7(11.7%)
6. 暴力をふるった	3	3	4		2	1	13(21.7%)
7. お金などをたかった	1						1(1.7%)
8. その他	1				1		2(3.3%)

〈いじめ・いじめられの内容と頻度〉

1．「いじめる」について

表3-6に、子ども自身の申告による「ほかの子をいじめる」の内容とそれらの一年間の頻度を示す。「1．冷やかし、からかい」が最も多く、「いじめた」事例の半数以上を占めた。「2．無視」「3．仲間はずれ」などの心理的苦痛を確実に与える方法は1割以上あった。「4．おどし」「5．持ち物隠し壊し」などの身体的でない攻撃は1割以上あり、直接身体に攻撃を加える「6．暴力」は2割以上あった。

2．「いじめられる」について

表3-7に、子ども自身の申告による「ほかの子にいじめられる」の内容とそれらの一年間の頻度を示す。「1．冷やかし、からかい」が「いじめられた」事例の8割以上、「2．無視」「3．仲間はずれ」が4割以上を占め、「5．持ち物隠し壊し」、「6．暴力」、「4．おどし」と続いた。内容的な順序については「いじめる」とだいたい同じであったが、各項目とも「いじめる」よりも訴えの割合が目立って多く、その回数もより頻繁な傾向があった。

●表3-7 「ほかの子にいじめられる」の内容と頻度（複数回答）

内　容	1/時間以下	1/日以下	1/週以下	1/月以下	1/学期以下	無記載	合計（*N*=43）
1. 冷やかされたり，からかわれた	11	14	6	3	1		35(81.4%)
2. グループに無視された	5	4	3	3	2	1	18(41.9%)
3. 仲間はずれにされた	5	6	4	2	2	1	20(46.5%)
4. ことばでおどされた	3	3	1	2	2		11(25.6%)
5. 持ち物をかくされたり，こわされた	1	4	4	2	3	1	15(34.9%)
6. 暴力をふるわれた	2	5	3	1	1		12(27.9%)
7. お金などをたかられた					1		1(2.3%)
8. その他	1	2	1	1		1	6(14.0%)

●表3-8 いじめ・いじめられ予測式（ロジスティック回帰）

	質問項目（*Xi*）	いじめる	いじめられる
	性（男=1，女=2）	−0.597	−0.546
	学年（=1，2、3）	−0.422	−0.805
1	頭痛を訴える	−0.081	−0.136
2	腹痛がある，あるいはおう吐する	1.108	0.147
3	ぜん息がある	−0.098	−0.109
6	かんしゃくをおこす	0.227	−0.252
7	登校時に泣く，あるいは学校の中に入るのをいやがる	−2.086	1.82
8	理由なく学校を休む	−1.208	−2.506
9	どもる	−0.522	2.362
10	（どもり以外に）話し方に問題がある	−0.079	1.546
11	ものを盗ったことがある	1.573	−1.271
12	好き嫌い，食べない，食べ過ぎるなど，食事の問題がある	0.056	0.137
13	寝つきが悪い，夜中に目をさます，朝早く目をさますなど，睡眠の問題がある	0.477	1.532
14	とても落ち着きがない，しばしば走り回ったり，とびはねたりする。じっとしていることがほとんどない	0.529	−1.231
15	もじもじ，そわそわしている	0.521	1.556
16	しばしば自分や人の持ちものをこわす	1.071	0.334
17	しばしばほかの子とけんかする	0.038	0.348
18	ほかの子に好かれていない	0.158	1.772
19	心配症で，しばしばいろいろなことを悩む	0.094	1.089
20	一人で物事をする。一人ぼっちの傾向がある	−0.424	−0.167
21	いらいらしている。すぐにおこりだす	0.295	−0.12
22	しばしばみじめそうな様子をみせたり，涙ぐんだりする	−0.534	−0.009
23	顔をしかめたり，体をピクピクさせたり，チックがある	2.102	−0.209
24	しばしば指しゃぶりをする	1.064	1.252
25	しばしば爪かみをする	0.416	−0.527
26	しばしば親のいうことに従わない	−0.688	−0.402
27	注意を集中できない	−0.757	−0.243
28	新しい物事や状況をおそれたり，心配したりする	−0.538	−0.593
29	とるにたらないことを騒ぎたてる	0.871	0.806
30	しばしばうそをつく	−0.216	−0.077
定	数（*Ao*）	0.329	0.17

注） 1. 表中の数字は「いじめる」,「いじめられる」の有無（無=0，有=1とした）を従属変数とし，質問項目（点数は *Xi*）を独立変数とした場合のロジスティック回帰曲線の係数（*Ai*）を表す。
2. ラター親用質問紙項目は，行動が確実にみられた場合は2点，より程度が弱いか，より少ない場合は1点，みられなかった場合は0点。表中の番号はラター親用質問紙の番号に対応する。
3. $Z=Ao+\Sigma_i Ai\cdot Xi$ とすると，いじめ・いじめられの確率予測式は，$P=1/\{1+\exp(-Z)\}$ である。

〈いじめ・いじめられの予測式〉

1．ロジスティック回帰式

表3–8に、「ほかの子をいじめる」と「ほかの子にいじめられる」の予測のロジスティック回帰式の係数を示す。子どものいじめ・いじめられの申告を従属変数（なし＝0、あり＝1）として、性（男＝1、女＝2）、学年（＝1、2、3）と母親が評価したラ氏テストの各項目得点（ただし、「4．尿失禁」「5．便失禁」は除く）を独立変数とした。子どもの「いじめる」と「いじめられる」の予測確率（0から1の値をとる）は、それぞれ次のように算出する。

表中の係数をA_i（定数はA_0）、質問項目の点数をX_iとすると、まず、

$$Z = A_0 + \Sigma_i A_i \cdot X_i$$

を求め、次の式に代入する。

$$P = \{1+\exp(-Z)\}^{-1}$$

以下に、母親の評価ではいじめ・いじめられともに「なし」であったが、子どもはいじめられたこと「あり」としたケースの計算方法を示す。

例：女、中1。ラター項目は、「9．どもる」、「10．話し方に問題」、「14．落ち着きがない」、「27．注意散漫」がそれぞれ1点。

$$Z_{いじめる} = .329+(-.597)\times 2+(-.422)\times 1+(-.522)\times 1+(-.079)\times 1+.529\times 1+(-.757)\times 1=-2.116$$

$$\therefore P_{いじめる} = \{1+\exp-(-2.116)\}^{-1}=0.108$$

同様にして、

$Z_{\text{いじめられる}}=0.707$

$\therefore P_{\text{いじめられる}}=0.670$

〈モデルの適合性〉

表3‐9、表3‐10に、それぞれ「いじめる」「いじめられる」予測モデルの適合性を表す分類表を示す。確率が0・5より大きいか小さいかで二群に分けた。子どもが「なし」と答えたうち予測確率が0・5未満の正解率（特異度に相当しよう）は、「いじめる」96・3％、「いじめられる」98・6％と非常に高値で、後者は母親による評価を上回っていた。また、子どもが「あり」と答えたうち予測確率が0・5超の正解率（敏感度に相当しよう）は、「いじめる」36・2％、「いじめられる」46・7％と、両者とも母親による評価を上回っていた。

考察

〈サンプリングの問題点〉☆20

今回の研究では、前回に母親のみの情報から論を進めた方法上の弱点を補う意味で、子ども自身にいじめ・いじめられ体験の有無をきき、母親の評価と合わせた。母親用と子ども用の質問紙を別々に記入してもらい、最終的にそれらを一致させた。子どもにとっていじめ・いじめられ体験は母親にさえも秘密にしたい事項であろうから、嘘や偽り

●表3‐9　「いじめる」予測の適合性

	予測値		
いじめる	$p<0.5$	$p>0.5$	正解率
な　し	184	7	96.3%
あ　り	37	21	36.2%
		全体	82.3%

●表3‐10　「いじめられる」予測の適合性

	予測値		
いじめられる	$p<0.5$	$p>0.5$	正解率
な　し	206	3	98.6%
あ　り	24	21	46.7%
		全体	89.4%

なく記入してもらうために、匿名性の維持、質問紙の厳重な密封や質問項目の簡素化を図った。それでも、子どもの回答の中には、いじめられ体験は答えてもいじめ体験は答えなかったものが数例あった。当然、いじめ・いじめられが「なし」と答えた群や未回答の群の中にもいじめ・いじめられ体験の豊富な例が多数含まれていた可能性がある。したがって、今回の調査だけでは子どものいじめ・いじめられの正確な頻度を求めることはできない。また、厳密にいえば、今回の一般群と知人群は同じ基準で選択された集団ではないが、一般性を失わないために異質の集団からできるだけサンプルを集めてそれらをいっしょにして分析を進めた。そのために結果の信頼性が多少犠牲になったかもしれない。今回の方法は面接法に比べればいじめ・いじめられ体験の有無を子どもが抵抗なく記入しやすいが、それらの体験の真偽については確認のしようがない。とりあえず、子どもの申告をそのまま信用していじめ・いじめられの確率予測式を求めることにした。さらに、母子の質問紙ともに「いじめ」という用語を定義なしで使い、子ども用の質問紙ではいじめの内容を質問の形で具体的に列挙したので、母子でいじめの外延と内包に最初から差異が生じていた可能性がある。

〈いじめについての母子認知〉

登校拒否の原因や予後について中学教師と親の意識にずれがあるのと同様に[23]、「いじめ」という普遍的な現象に対しても、子ども、教師と親の間に認識上の相違があることが考えられる。以前の筆者の報告[20]では、母親が子どものいじめを過小評価し、いじめられを過大評価しがちだと予想して、いじめ関連群を操作的に加害群と被害群に分けたが、今回の研究の目的のひとつはその仮定を検証することである。

表3-3と表3-4の結果から、偽陽性率と偽陰性率を求めると、「いじめる」については偽陽性率1・0％（＝2／194）、偽陰性率88・3％（＝53／60）で、「いじめられる」については偽陽性率2・4％（＝5／212）、偽陰性率33・3％（＝16／48）であった。「いじめる」の偽陰性率と「いじめられる」の偽陽性率が高いことがわかる。つまり、子どもがほかの子をいじめているのに母親はいじめていないとする過小評価と、子どもがほかの子にいじめられていないのに母親はいじめられているとする過大評価の傾向があることが認められた。もっとも、子どもが「ほかの子をいじめる」と「ほかの子にいじめられる」ともに、母親の特異度の高さに比べて、母親の敏感度は前者11・7％、後者33・3％と低く、母親は子どものいじめ・いじめられ（特に前者）を正しく把握しているとはいえないから、上記の結果は母親の主観的な判断のひとつの傾向を示しているように思われる。

〈「いじめる」と「いじめられる」の関係〉

以前の筆者の報告[☆20]では、いじめ関連群のうち「純粋被害群」が「純粋加害群」より多く、少数の「いじめっ子」が多数の「いじめられっ子」をいじめているという図式を想像した。しかし、今回の子ども自身の申告では、純加害群が純被害群より多かったことと、それらの間に、混合群が位置していたいたことが特徴であった。また、三群のラター得点を比較すると、純被害群と混合群が近接していた一方で、純加害群はむしろ非いじめ群に近い傾向を認めた。ここで、純被害群と混合群を合わせると43人（16・9％）で、純加害群の14・6％より多かった。つまり、先の図式があてはまるとすれば、純被害群と混合群を合わせた群をいわゆる「いじめられっ子」とし、純加害群をいわゆる「いじめっ子」と称するのが妥当かもしれない。いずれにせよ、「いじめっ子」が同時に「いじめられっ子」、あるいはその逆であるという混合群が9・1％もあったことは、「いじめ」という現象を考えるうえで看過できない事実といえる。

文部省の資料[☆22]によると、平成六年度に公立中学校で発生したいじめはのべ三万八四五八件で、その態様は、①冷やかし・からかい26・0％、②暴力18・6％、③言葉での脅し17・7％、④仲間はずれ13・7％、⑤集団による無視7・0％、⑥持ち物隠し6・8％、の順であった。今回の研究では、「ほかの子にいじめられた」のべ一一八件のうち、①冷やかし・からかい29・7％、②仲間はずれ16・9％、③グループによる無視15・3％、④持ち物隠し12・7％、⑤暴力10・2％、⑥言葉での脅し9・3％、の順であった。つまり、文部省の資料と比べて、前四者が多く、後二者が少なかった。前四者は後二者よりも直接的な攻撃の傾向が弱く、心理的圧迫によって苦痛を与える方法である。今回の対象者がわが国の中学生の母集団を代表しているという保証はないが、この結果によって、学校側には把握されていない陰湿ないじめで子どもが苦しんでいるという実態の一端を垣間みることができよう。また、子どもの側からの「ほかの子をいじめる」よりも「ほかの子にいじめられる」という訴えの割合と頻度が顕著に多かったことは、加害側の加害者意識の弱さとともに被害側の心理的苦痛が大きいことを物語るものであろう。

〈予測モデルについて〉

ラ氏テスト（親用、教師用）は非常に簡便で、かつ子どもの主だった情緒障害や問題行動を網羅しており、現在、スクリーニング用としてこれに勝るものは得難い。もちろん、厳密な議論をするためには、子どものいじめに影響を与えそうな他の因子、すなわち、性格、家庭、友人、学校や地域特性などを考慮することが必須であろうが、今回は、子どもの客観的な様子をできるだけ簡便な方法で評価すると同時に、その結果を用いていじめを予測することを目標としたので、あえて質問項目を最少限に抑えた。

また、ラ氏テストの各項目のいじめ・いじめられへの寄与の程度をみるために、ロジスティック回帰分析の独立変数として強制的に全項目（陽性率の低い遺尿と遺糞の二項目は除く）を投入した。そうした理由は、第一にラ氏テストのすべての項目が子どもの情緒障害や問題行動の包括的な把握に適していること、第二にいじめに特異的な項目をラ氏テストから選択することは精神科の臨床経験上からも困難であること、第三に実際に項目数をいろいろ変化させてロジスティック回帰分析を実施してみて感度が最も優れていたのは全項目の強制投入法であったこと、などによる。といっても、今回のロジスティック・モデルはあくまでひとつの分析方法にすぎず、前述の問題点やサンプル数と項目数との関係などにより回帰係数の安定性が必ずしも充分に確保できないばかりか、分析結果そのものがおおまかな推測にとどまらざるを得ないので、今回のいじめ予測式を改善する余地はかなり残されている。いずれにせよ、今回のロジスティック・モデルの特徴は、性、学年とラ氏テストという少ない項目で、子どものいじめ・いじめられの確率がある程度予測できることである。

ロジスティック・モデルの適合性を評価する方法はさまざまあるが、今回は最もわかりやすい分類表を作成した。その結果、「いじめる」の特異度をのぞいて、このモデルの予測結果が母親の評価を凌駕していた。とりわけ、被害を受けているために早めの対処が必要な「いじめられる」ことについては、敏感度が母親評価で33・3％であったのに、このモデルでは46・7％と半数近くが予測可能ということができよう。しかし、この結果をもってただちにこのロジスティック・モデルの感度が母親の評価より優秀であるという結論を導くことには慎重でありたい。そのためには、今回得られた回帰係数を別の中学生（とその母親）の集団に適用して感度を比較検討する必要があるだろう。また、このモデルでは予測確率０・５以上を事象「あり」と推定したが、いじめの場合、特異度よりもむしろ敏感度を上げる方向でカットオフポイントを設定した方が実際的と考えられる。その点も今後の検討課題としたい。

今回提案したいじめの予測式は、母親だけでなく、父親、きょうだい、担任、養護教諭や相談員・治療者など、子どもに身近に接している人であれば誰でも記入することができる。したがって、多少、おおざっぱであることは免れないが、いじめの早期発見に役立てることが可能であり、いじめ対策上の有用な道具となり得ると思われる。今後、さらに多くの中学生にこのモデルを適用し、必要に応じて内容を刷新するとともに、小学生や高校生などにも利用できるモデルを構築していきたい。

（初出　「いじめの予測について」より）☆10

付録2　お母さん用アンケート

以下の項目は，お子さんの行動についておききするものです。
この一年間に，各質問に当てはまる行動が確実に見られた場合は，「よくある」または「よくあてはまる」に，より程度が弱いか，より少ない場合は，「少しある」または「ややあてはまる」に，また，お母さんからみてそのような行動がみられなかった場合には，「ない」または「あてはまらない」に，ひとつだけ○をつけてください。

記入日：　　　年　　月　　日

お子さんの性別はどちらですか？　　1．男　2．女
お子さんの学年を教えてください。　（　　　）年生

	ない	少しある	よくある
1．頭痛を訴える	1	2	3
2．腹痛がある，あるいはおう吐する	1	2	3
3．ぜん息がある	1	2	3
4．夜尿がある，あるいは日中おしっこをもらす	1	2	3
5．大便をもらす	1	2	3
6．かんしゃくをおこす	1	2	3
7．登校時に泣く，あるいは学校の中に入るのをいやがる	1	2	3
8．理由なく学校を休む	1	2	3
9．どもる	1	2	3
10．ほかに，話し方に問題がある	1	2	3
11．ものを盗ったことがある	1	2	3
12．好き嫌い，食べない，食べ過ぎるなど，食事の問題がある	1	2	3
13．寝つきが悪い，夜中に目をさます，朝早く目をさますなど，睡眠の問題がある	1	2	3

	あてはまらない	ややあてはまる	よくあてはまる
14．とても落ち着きがない，しばしば走り回ったり，とびはねたりする。じっとしていることがほとんどない	1	2	3
15．もじもじ，そわそわしている	1	2	3
16．しばしば自分や人の持ちものをこわす	1	2	3
17．しばしばほかの子とけんかする	1	2	3
18．ほかの子に好かれていない	1	2	3
19．心配症で，しばしばいろいろなことを悩む	1	2	3
20．一人で物事をする。一人ぼっちの傾向がある	1	2	3
21．いらいらしている。すぐにおこりだす。	1	2	3
22．しばしばみじめそうな様子をみせたり，涙ぐんだりする	1	2	3
23．顔をしかめたり，体をピクピクさせたり，チックがある	1	2	3
24．しばしば指しゃぶりをする	1	2	3
25．しばしば爪かみをする	1	2	3
26．しばしば親のいうことに従わない	1	2	3
27．注意を集中できない	1	2	3
28．新しい物事や状況をおそれたり，心配したりする	1	2	3
29．とるにたらないことを騒ぎたてる	1	2	3
30．しばしばうそをつく	1	2	3
31．ほかの子をいじめる	1	2	3
32．ほかの子にいじめられる	1	2	3

付録3　お子さん用アンケート

以下は，あなたご自身についておうかがいするものです。
あてはまる番号に○をつけるか，あるいは数字か文字を記入してください。

記入日：　　　年　　月　　日

A．あなたの性別はどちらですか？　　1．男　　2．女

B．何年生ですか？　　（　　　）年生

C．この一年間にほかの子にいじめられたことがありますか？　　1．ある　　2．ない

D．（この問いには，問いCで「ある」に○をつけた人だけが答えてください。「ない」に○をつけた人は，問いEに進んでください。）
どんないじめを受けましたか？　あてはまるものにいくつでも○をつけてください。
また，一番つらかったものについては◎をつけてください。
さらに，その頻度を，下の例にならって，あてはまるところに×をつけてください。

1時間に1回　1日に1回　1週間に1回　1ケ月に1回　1学期に1回　1年に1回

例　○○されたのは1週間に2，3回		×			
1．冷やかされたり，からかわれた					
2．グループに無視された					
3．仲間はずれにされた					
4．ことばでおどされた					
5．持ち物をかくされたり，こわされた					
6．暴力をふるわれた					
7．お金などをたかられた					
8．その他					

（具体的に：　　　　　　　　　　　　　　　　　　　）

E．この一年間にほかの子をいじめたことがありますか？　　1．ある　　2．ない

F．（この問いには，問いEで「ある」に○をつけた人だけが答えてください。）
どんないじめをしましたか？　あてはまるものにいくつでも○をつけてください。
また，その頻度を，問いDと同じように，あてはまるところに×をつけてください。

1時間に1回　1日に1回　1週間に1回　1ケ月に1回　1学期に1回　1年に1回

1．冷やかしたり，からかった					
2．グループで無視した					
3．仲間はずれにした					
4．ことばでおどした					
5．持ち物をかくしたり，こわした					
6．暴力をふるった					
7．お金などをたかった					
8．その他					

（具体的に：　　　　　　　　　　　　　　　　　　　）

4章　社会的ひきこもり

1節　おとなの社会的ひきこもり

1　はじめに

「おとな」とはどういう人をさすのだろうか？　よくよく考えるとわからなくなるので、おとなの辞書とされている広辞苑を引いてみよう。

①十分に成長した人。一人前になった人。成人。②考え方・態度が老成しているさま。分別のあるさま。④子供がだだをこねたりせず、おとなしいさま（③と⑤は省略）。

はたして、①の成人で、②のように「できた人」が、ひきこもりになるのだろうか？　それとも、ひきこもりになると、④のようになるのだろうか？

前者であったとすると、働き盛りのいわゆる出社拒否などの困った事態になるが、定年退職後ならば隠居してもそれほど大きな問題にならないであろう（ちなみに、フランス語ではひきこもりを"le retrait"といい、退職を"la retraite"という）。

むしろ、臨床家としては後者を心配する。というのは、④の場合、おとな＝おとなしい＝無気力、とつながり、ひきこもりが進んでエネルギーが低下した状態に相当するわけだから。

かくして、「おとな」のひきこもり、というタイトルは、成人のひきこもりという意味以外に、ひきこもりの中核群ないしは進んだ段階をも表すことになった。

2 執拗な社会的ひきこもり

たしかに、ひきこもりとは言いやすくわかりやすいことばである。そう言ったからといって、ただちに生死に関わるほどの重病だとか、凶悪犯罪だとかは思われないだろう。

昔からわが国では、何か圧倒的・脅威的な事態に遭った時などに、そこから一時的に回避して「こもる」ことが文化的に許容されてきた節がある。ある状況では、人を遠ざけることや「貝になること」が暗黙に推奨されるくらいである。また、のらりくらりと回答を遅らせたり、争点をあいまいなままにして、結局、自分では責任をとらずに他者に決めさせるようなやり方、つまり受動的な攻撃性（あるいは操作性）をうまく発揮する人が多いように見受けられる。

だから、ひきこもりという回避的で受け身的な防衛手段が現在こんなにもはびこっているのは、わが国の歴史的精神風土からするとさもありなんという感じがするのである。

ところで、一口にひきこもりといっても多種多様のものを含んでいて、けっして均一ではない。また、最近はやりの「いじめ」「虐待」「アダルト・チルドレン」「トラウマ」「多重人格」などの精神医学用語と同様に、「ひきこもり」がひとり歩きして、そこかしこで気ままに使われているようである。

そこで、これからは、臨床的に問題になる「社会的ひきこもり」に枠をはめて考えてみよう。例えば、弟の素戔嗚尊（すさのおのみこと）の乱暴狼藉に耐えかねて天の岩屋に閉じこもった天照大神（あまてらすおおみかみ）や、性愛的意味を持つ自閉的趣味に没頭する「おたく」[☆1]と呼ばれる健康者にまで、「ひきこもり」の範囲を広げるつもりはない。

筆者は次のような一群を、執拗な社会的ひきこもり（ＰＳＷ：Persistent Social Withdrawal）[☆2]と呼んで、治療を要する臨床単位と考えている。

① 成人早期までに始まる、六か月以上にわたる、著しく、持続的な社会的ひきこもり。
② 社会的、学業的、あるいは職業的な活動に携わりたがらない。
③ 家族以外の親密な友人がまったくかあるいはほとんどいない。
④ 心因反応的、一過性あるいは機会性以外の精神症状はほとんどない。
⑤ 何らかの身体疾患や他の精神障害（例えば、分裂病、うつ病、脳器質性精神障害など）によるものではない。

このような特徴を持つのは二十代の男性であることが多いのだが、子どもの不登校やサラリーマンの出社拒否なども本質的にはＰＳＷと同じ事態であるといえる。

不登校と出社拒否

子どもの不登校の場合は、本人の適応能力や登校意志の問題だけでなく、親の養育態度や学校教育の問題とも大いに関連がある。それだけに、子どものペースに合わせた周囲の暖かく粘り強い取り組みが不可欠であり、またそうするだけの時間的・経済的なゆとりもまだ残されている。時間は素晴らしい治癒効果を持つものなのである。それなのに、本人のあせりが周囲のあせりを呼び、それがまた本人のあせりをつのらせるという悪循環に陥ってしまうことが多い。もちろん、それは不登校に限らず出社拒否や自殺においてもいえることだが、身を焦がすあせりの炎ほどやっかいなものは他にあまりないだろう。

一方、成人の出社拒否の場合は、働かなければ生活の糧を失う危機にさらされるわけだから、ある意味では不登校より深刻な事態かもしれない。特に、最近のように不況が蔓延化すると、無断欠勤や失踪などを起こす社員は真っ先にリストラ合理化の対象になるし、また再就職の機会も容易には得られないだろう。だから、復職の可能性が針の穴ほどでもあるならば、それを徹底的に追及する姿勢が大切である。ただし、あせりは禁物だが。

3　PSWの形成メカニズム

PSWはさまざまの障害を包含し、その形成メカニズムについても単純な議論はできないことはもちろんだが、筆者はあえてここで、学習理論的なモデルからPSWがどのように学習されるかを説明してみよう。

一般的にいって、図4-1が示すように、正のものが与えられるか（正の強化）、あるいは負のものが取り去られれば（負の強化）、人間のある行動は増加する。逆に、負のものが与えられるか（罰）、正のものが取り去られれば（罰）、ある行動は減少する。社会適応の観点からいえば、PSWは価値的に負の行動のひとつであり、それ自体は正の行動の減少、あるいは負の行動の増大ともみなせる。

筆者は、PSWの形成過程は次の二つの段階を経ると考えている。

最初の段階は、ひきこもりの開始であり、社会適応の観点からいえば正の行動（すなわち学校や仕事へ行くことなど）の減少とみなせる。ある外傷的な出来事やストレスフルな状況が、急激にあるいは徐々に働いて、価値的に正の行動を減少させたのであろう。

次の段階は、ひきこもりの維持であり、これは社会適応の観点からいえば負の行動の増加とみなせる。実際には、この行動に対して正の強化因子として働くものを仮定するのはむずかしいので、何らかの負のものが取り去られたと考えられる（ただし、もし正の強化因子があるとすれば、それは本人の人生に対する構え、あるいはひきこもりの結果としての心理的防衛機制、たとえば投影的同一視などが考えられる）。例えば、数年にわたるひきこもりを続けていると、親（とくに母親）はガミガミいわなくなるし、本人が親の庇護のもとにウチにいる限りは、ホームレスになり路頭に迷う心配もないわけである。より大きくとらえれば、最近の傾向としてひきこもりに対する社会文化的な罰則条件が緩み、寛容性が高くなっているといえるのではないだろうか。

	与える	取り去る
行動増加	正の強化 ＋	負の強化 －
行動減少	罰 －	罰 ＋

図4-1　PSWの形成メカニズム

4 PSWの世界

図4-2は、日本の社会の二重構造を説明するための、イシダ[☆3]による作業仮説的なシェーマである。ウチは「集団内の成員間の葛藤」を意味し、ソトは「集団外の人との葛藤」を意味する。「集団内」はその場の状況に応じて、村、県や国家などの同心円を形成する。そしてウチとソトの境界の柔軟性は、社会の完全性を維持するために、また同じ「集団内」の対立的なグループを取り込むために、しばしば大切である。オモテは「うわべあるいは公式な場」を意味し、ウラは「裏面あるいは非公式の場」を意味する。オモテ―ウラの関係は、ヒエラルキーで秩序づけられた社会に存在するタテの関係を暗示している。ウラは、オモテの形式主義によってうまれる緊張を解きほぐすために利用される。

筆者は、この種の二重構造がPSWの出現によって挑戦を受けていると考えている。

PSWの世界では、次のような四つの変化が起きていると仮定できるだろう[☆2]（図4-3）。

一つ目の変化は、外的あるいは公的な世界の縮小である。社会的ひきこもりは、自分が傷つかずに他者との社会的まじわりを避ける最も有効な手段とみなせるが、それは日本の伝統的な「おとな」の関係性の中に無理やり参入

	オモテ	ウラ
ウチ	葛藤は存在すべきでない	葛藤は存在するが普通暗黙のうちに解決される
ソト	譲歩は許されない	双方の面子が保て無傷でいられるなら交渉可能

図4-2　日本社会の二重構造[☆3]

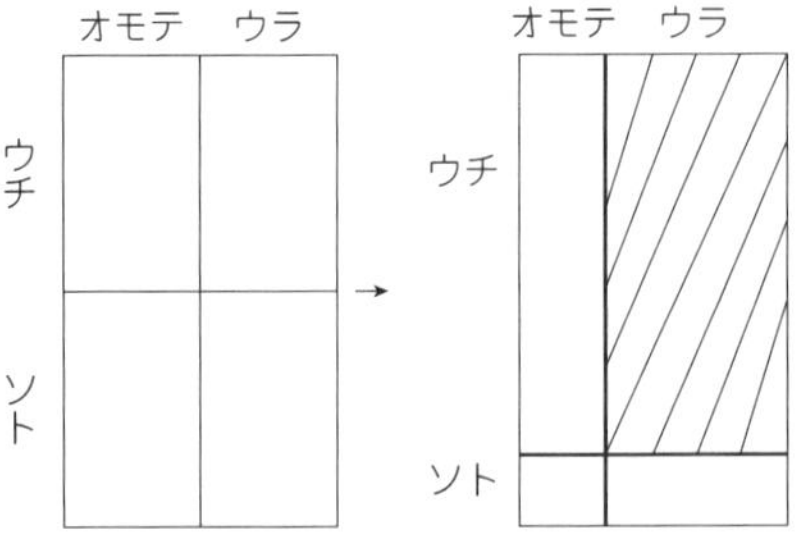

図4-3　PSWの世界[☆2]

させられてしまうことへの抵抗ともみなせるだろう。そういう生活を続けていると、必然的に現実の世界と肥大したファンタジーの世界との間に大きな間隙が生じてくる。

二つ目の変化は、ウチ―ウラの場の相対的な優越である。彼の活動領域は特定の「集団内」、つまり家族との生活のみに限定され、彼の論理構成にはしばしば、確立された社会の既成の価値体系や権威的なものへの反発がみられる（社会の「代弁者」である父親を煙たがるのがそのいい例である）。

三つ目の変化は、ウチ―ソトとオモテ―ウラの境界の柔軟性が失われることである。状況に応じた柔軟性が失われ、日本の社会に伝統的とされる二重構造の存在理由が崩壊の危機にさらされるのである。

四つ目の変化は、時間性の変化である「生きられる時間」[☆4]は、彼が送る灰色で単調な生活に合わせて変化する。それは無期懲役の囚人が体験する時間意識と似たようなものかもしれない。また、退屈な時間をすごすために、現実否認の合理づけと、禁欲主義の裏返しの衝動耽溺という若者の「負の」防衛機制を用いて、マニアックな方向で対処したものがいわゆる「おたく」といえそうである。

5　ひきこもりへの対応

では、そうした特徴を持つ社会的ひきこもりにどう対応したらよいか、家族、治療者それぞれの立場から考えてみよう。

家族の対応

最初から本人が治療相談機関に足を運ぶことは期待できない。たいていは本人への対応に困り果てた家族（主に親）が相談に来る。そうした場合に筆者は次のようなアドバイスを家族に与えている。

第一に、子どもが家の中で機嫌よく、のびのびとふるまえるようにしてあげることである。この状態を筆者は「家庭内適応」と呼んでいる。そうするためには、親が一番ききたいこと、例えば、「これからどうするつもりなの」などを子どもから言い出す前にきかないことである。そして、子どもの興味や関心のあるところでの会話やつきあいを心がけて、子どもとの関係を良好に維持することである。この方法を筆者は「雑談療法」と呼んでいる。

第二に、子どもとのゆがんだ依存／攻撃関係に陥らずに、適度な自律心をはぐくむために、やって欲しいと言われたことだけをやってあげ、それ以外のことは本人任せにすることである。これはある人から教えられたことばだが、「心をつくして、手をつくすな」ということ。けだし子育ての名言である。

第三に、家族、特に両親が仲良くすることである。これはむしろ第一番目にあげるべきことかもしれない。子どものことで両親が互いに罪をなすりつけ合うのではなく、同志として闘うのである。原因を探るのでなく、問題を共に解決するのである。子ども（の問題行動）を変えたいと願っていた親が（自分の問題に気づいて）変わると、子どもが見違えるようによくなることがある。「親が変われば子も変わる」というのはどうも真実のようである。

こうした対応を家で日常的に行なっていると、そのうち本人が本音を漏らす。「このままじゃだめだ」「どうしたらいいんだ」「誰かに相談したい」等々。そうした時にはじめて、慎重にことばを選んで、適切な医療相談機関への受診をすすめてみるのである。

治療者の対応

やっとの思いで相談に来られた本人を前にして、治療者（相談員）は次のような配慮をするとよいかもしれない。

まず、来られたことをよくねぎらおう。初対面の治療者が信用できるかどうか本人にはまだ半信半疑であり、そもそも長い間他人と会話していないので思うようにしゃべれないことが多い。

次に、根掘り葉掘り尋ねたりしないで、時間を充分にとって聞き役に徹する。核心をついた質問、よかれと思った忠告や生半可な分析的解釈の押しつけは、脆く傷つきやすい心にはかえって有害なことがある。本人が説明しないうちは、情報は家族から収集して、あせって本人から聞き出さないようにしよう。

その次に、関係を崩さないことを目標にしよう。先の「雑談療法」を主体にして、最初から現実原則を強調しすぎないことが大切である。治療は思ったより長丁場になるので、治療者が無力感にさいなまれずに、本人に対しておだやかな好意と好奇心を抱き続けることができるような工夫をしよう。

さらに、本人のマイナスの要素を指摘することは避け、どんなささいなプラスの要素でも評価し、それをその場で伝えるようにしよう。そうすることは、本人の自然治癒力を引き出すとともに、治療者自身が敗北主義に陥らないための自戒の効果があるのである。

6 ひきこもりから立ち直る

家族や治療者の一貫した粘り強い対応で、本人は徐々に自信と意欲を取り戻していくはずである。ところで、本人がずっと世間から交わりを断っていた理由は、いざ社会復帰という段階になってはっきりしてくるものである。多くの事例では、他者との生身の人間関係や、群れの中での何らかの不適応の問題を抱えている。その点は個人精神療法や家族療法だけではなかなか改善しないものである。つまり、社会的ひきこもりを真に克服するには、やはり集団、特に同年代のグループの中でうまく適応できるように援助することが不可欠なのである。

北の丸クリニックと有機的に結び付いた、社団法人・青少年健康センターでは、宿泊や通所の訓練あるいは社会参加事業などの援助活動を展開している[☆5][☆6]が、そうした要請に応えて、今までかなりの実質的な効果を上げてきた。

つまるところ人間は社会的存在なのである。どんな社会であれ、本人が自分の意思と能力で自分の道を切り開いていけるように援助することが、我々に課せられたつとめであるとつくづく感じるこの頃である。

（初出　「季刊いのちの電話」[☆7]・「現代のエスプリ」[☆8]より）

2節　社会的ひきこもりの実態調査

1　ひきこもりの実態調査

はじめに

「ひきこもり」がマスコミで一人歩きするのは、科学者の端くれとして気持ちが悪いので、その現状と展望について、実証的根拠に基づいた知見を提供したい。

社団法人・青少年健康センターでは、厚生省（現在の厚生労働省）の協力を得て、全国の保健所と精神保健福祉センターが扱った「ひきこもり」に関する実態調査を行なった[☆9]。その概要を紹介しよう。

対象と方法

二〇〇〇年十月六日付けの厚生省大臣官房障害保健部精神保健福祉課長名により、各都道府県・指定都市の精神保健福祉担当主管部（局）長あてに、「青少年の社会的ひきこもりの実態・成因・対策に関する実証的研究」（一九九九年度トヨタ財団研究助成：研究代表者・倉本英彦）の一部として、「ひきこもり実態調査」に関する協力依頼を行なった。各担当より各都道府県・指定都市のすべての保健所と精神保健福祉センターに調査票を送付してもらった。二〇〇〇年十一月末日を期限としたが、実際に回答が出そろったのは二〇〇一年一月中旬であった。

精神保健福祉センターは二〇〇〇年四月一日現在、四十七都道府県と六指定都市（札幌市、仙台市、京都市、大阪市、広島市、北九州市）に五十五施設あった。保健所は一九九九年四月　日現在、全国に六四一か所あったが、その後の統廃合や名称変更などにより、調査時点での正確な施設数は把握できなかった。

ここで、「ひきこもり」は次のように定義した。①六か月以上自宅にひきこもって社会参加しない状態が持続しており、②分裂病などの精神病ではないと考えられるもの。ただし、社会参加しない状態とは、学校や仕事に行かないまたは就いていないことを表す。

回答は、全国の保健所六二三か所、精神保健福祉センター（指定都市）六か所、同（都道府県）四十四か所、計六七三か所から得られた。回収率は保健所の約97%、精神保健福祉センター（指定都市）の100%、同（都道府県）の89・8%であった。

また、回答があった機関の管轄地域の人口の総和を、その都道府県・指定都市の人口（一九九九年三月三十一日の住民基本台帳）で割った値（これを該当率とする）を比較すると、該当率は保健所83・6%、精神保健福祉センター（指定都市）100%、同（都道府県）96・5%であった。

つまり、本調査が全国の大部分の保健所・精神保健福祉センターから得られたデータに基づくものであることがわかる。

2　ひきこもりの実態

ひきこもりの相談

〈精神保健福祉相談とひきこもり相談〉

全国の保健所・精神保健福祉センターで扱った最近一年間の精神保健福祉相談（電話相談を含む）のケース数と、そのうち診断名を問わないひきこもり全体の相談ケース数の合計は、保健所四三万四五七五件／九七六三件、精神保健福祉センター（指定都市）一万一九五三件／三六九件、同（都道府県）一〇万二二九件／二二九一件であった。ただし、ケース数はのべか実数か区別できない機関があったため、直接数字を比較することは意味がない。

〈精神病でないひきこもりの相談〉

各機関で関わったケースの中で右記の定義のような精神病でないひきこもりの有無を尋ねたが、六六二か所の保健所・精神保健福祉センターのうち、五五二か所（83・4％）が「有り」と答えた。

また、精神病でないひきこもりは増加しているかという質問には、五三三か所から回答があり、そのうち「はい」が三一八か所（59・7％）、「いいえ」が二か所（0・4％）、「どちらともいえない」が二一三か所（40・0％）と、増加傾向があることがうかがえた。

他方、分裂病などの精神病（あるいはそれが強く疑われる）によるひきこもりは増加しているかという質問には、五三二か所の回答のうち、「はい」一三三か所（25・0％）、「いいえ」五十六か所（10・5％）、「どちらともいえない」三四四か所（64・5％）と、明確にいえない機関が多かった。

さらに、最近一年間の精神病でないひきこもりの電話・来所相談ケース数について尋ねたが、機関によっては電話相談ケース数を記録していないところもあった。が、実質的には、この電話・来所相談ケース数が保健所・精神保健福祉センターが扱ったケースの実数とみなすことができる。その合計は、保健所三七八七件、精神保健福祉センター（指定都市）二七八件、同（都道府県）二〇八六件であった。

〈ひきこもりの相談率〉

診断名を問わないひきこもり全体の相談数と精神病でないひきこもりの電話・来所相談数を、それそれの地域の住民基本台帳人口で割り、人口一万人対に換算した値を相談率とする。

精神病でないひきこもりの電話・来所相談率は、保健所では０・96（京都府）から０・10（奈良県）で平均０・36、精神保健福祉センター（指定都市）では０・75（広島市）から０・04（北九州市）で平均０・32、同（都道府県）では０・63（富山県）から０・01（長崎県）の範囲で平均０・19であった。全体的にいって、保健所の方が相談率が高く、地域差が少なかった。つまり、保健所の相談率の方がひきこもりの実数を反映しやすいといえる。相談率を保健所への受療率で割った値が地域のひきこもりの実数となる。受療率をどのくらいに見込むかによって異なるが、本調査によると、精神病でないひきこもりは少なくとも一万人に一人はいると推測される。受療率を０・１にとれば、それは少なくとも一千人に一人になる。

ひきこもりに関連した問題行動

表４–１に、精神病でないひきこもりに関連した問題行動を、家庭内暴力、自殺関連行為、反社会行為に分け、それぞれの行為内容を具体的にみた内訳を示す。

家庭内暴力は精神病でないひきこもり相談の20・９％にみられ、そのうち子から親への暴力が86・３％を占めた。自殺関連行為は相談の４・６％にみられ、そのうち自傷と自殺未遂がそれぞれ半数を占めた。反社会行為は相談の７・７％にみられ、近隣への迷惑行為、いじめ・校内暴力、薬物・アルコール乱用などが目立った。

ひきこもりの年齢と継続期間

表4－2に精神病でないひきこもりケースの相談時の年齢分布を、表4－3にひきこもり継続期間をそれぞれ示す。年齢分布は、十六歳から三十歳までがほぼ一様で全体の7割弱を占めたが、三十歳をこえてもそれほど減らず、三十六歳以上が1割あった。また、ひきこもりの継続期間が十年以上のケースが1割弱を占めたことは、長期化・遷延化の点で注目すべきであろう。

ひきこもりの経歴と依頼経路

表4－4に精神病でないひきこもりの経歴、すなわち就労経験と小中高での不登校経験を示す。ひきこもりの3割弱に就労経験があり、4割

表4-1　ひきこもりに関連した問題行動（全機関）

家庭内暴力関連行為　1,284件（電話・来所相談総数6,151件のうち20.9%）		
そのうち	父母間の暴力	58（1,284件の4.5%）
	親から子（本人）への暴力	105（ 8.2%）
	子（本人）から親への暴力	1109（86.4%）
自殺関連行為　281件（6,151件のうち4.6%）		
そのうち	自傷行為	136（281件の48.4%）
	自殺未遂	142（50.5%）
	自殺既遂	7（ 2.5%）
反社会行為　472件（6,151件のうち7.7%）		
そのうち	万引き・盗み	59（472件のうち12.5%）
	薬物・アルコール乱用	101（21.4%）
	いじめ・校内暴力	126（26.7%）
	性的逸脱行動	27（ 5.7%）
	動物や他人への残虐行為	24（ 5.1%）
	近隣への迷惑行為	173（36.7%）

表4-3　ひきこもりの継続期間（全機関）

期　間	件数（%）
6か月—1年未満	1,102（21.8%）
1—3年未満	1,615（31.9%）
3—5年未満	905（17.9%）
5—7年未満	598（11.8%）
7—10年未満	363（ 7.2%）
10年以上	472（ 9.3%）
計	5,055（100%）

表4-2　ひきこもりの年齢分布（全機関）

年　齢　幅	件数（%）
10—15歳	514（ 9.7%）
16—20歳	1,219（23.1%）
21—25歳	1,280（24.2%）
26—30歳	1,118（21.2%）
31—35歳	625（11.8%）
36歳以上	526（10.0%）
計	5,282（100%）

強に小中高での不登校経験があった。

表4-5に、ひきこもりケースの依頼経路について示す。ひきこもり相談依頼の6割弱が同居している家族、親戚からの依頼によるものであった。

3 ひきこもりへの取り組み

デイケア・グループ活動

表4-6に、精神保健福祉活動の一環としてのひきこもりへのデイケアやグループ活動の実施状況を示す。特に地域におけるひきこもりの相談が多い保健所での取り組みがまだ進んでいないことがうかがえる。

右のひきこもりを対象とした活動を行なっている機関に、それらの活動の発足年、現在の参加人員、活動頻度、活動時間や活動内容を尋ねた。

発足年は長野県精神保健福祉センター（一九八五年）、北海道立精神保健福祉センター（一九九三年）などが早かった。現在の参加人数は神奈川県立精神保健福祉センター（四十九人）、山形県精神保健福祉センター（二十五人）、茨城県精神保健福祉センター（十

表4-4　ひきこもりの経歴（全機関）

経　　歴	件数（%）
就労経験有り	1,771（28.8%）
小中高での不登校経験有り	2,503（40.7%）
電話・来所相談総数	6,151（100%）

表4-5　ひきこもりの依頼経路（全機関）

依頼経路	件数（%）
同居している家族，親戚から	3,587（58.3%）
同居していない家族，親戚から	340（ 5.5%）
本人から	386（ 6.3%）
知人，友人から	107（ 1.7%）
学校，会社から	130（ 2.1%）
警察，福祉事務所から	187（ 3.0%）
その他の機関から	440（ 7.1%）
電話・来所相談総数	6,155（100%）

表4-6　ひきこもりへのデイケア・グループ活動の実施状況

実施形態	保健所	精神保健福祉センター	計
ひきこもりを対象とした活動を行なっている	6（ 1.3%）	12（25.5%）	18（ 3.5%）
分裂病などの精神障害者と一緒の活動を行なっている	92（19.7%）	6（12.8%）	98（19.1%）
行なっていない	368（79.0%）	29（61.7%）	397（77.4%）
計	466（100%）	47（100%）	513（100%）

八人）が多かったが、その他は十人以下であった。毎月の活動頻度は山形県精神保健福祉センター（八回）をのぞいて一回から四回であった。一回の活動時間は山口県精神保健福祉センター（六時間）をのぞいて二時間から三時間であった。活動内容としては、雑談（十四か所）、スポーツ（九）、ゲーム（九）、料理・会食（七）、テーマを設けての話し合い（七）、お花見・クリスマスなどの季節的行事（六）、カラオケ大会（四）などがあげられた。

また、これからの活動として期待されるインターネットによる本人や家族向けの相談活動について尋ねたが、ほとんどの機関でまだ利用されていなかった。

家族への取り組み

ひきこもりの家族が参加できる会の開催状況を尋ねた。家族の交流会を開いているのは保健所三十四か所、精神保健福祉センターで十四か所あった。家族向けの学習会・講演会を開いているのは、保健所三十八か所、精神保健福祉センターは十三か所であった。

また、家庭内暴力などの被害から家族を支援するために利用しているシェルターについて尋ねた。多い順に、婦人センター（相談所）一時保

表4-7　ひきこもり相談・支援上の問題点（自由記載）

問　題　点	保健所	精神保健福祉センター	計
紹介・連携できる専門治療（復帰）機関，スタッフが少ない，他地域と連携できない	224	20	244
機関として治療相談体制（システム・マンパワー）が整っていない	202	23	225
精神病との鑑別やひきこもりへの知識・支援技術不足	191	11	202
本人と会えない，事例化が困難，当該地域の実態を把握していない	131	14	145
本人への支援が困難	95	11	106
家族への支援が困難	89	10	99
当該地域への情報提供・広報が不十分	27	1	28
社会問題，勤め先，行き先の問題	16	4	20

護施設、警察、公的機関一時保護施設、病院およびその付属施設、民間機関のシェルター、ホテル宿泊（短期間）、親戚・知人宅などがあげられた。

表4‐7に、ひきこもりの相談・支援に関して各機関が抱えている問題点をまとめた。また、表4‐8に、ひきこもりについて各機関が考えている今後の取り組みをまとめた。

4　おわりに

以上は今もっとも旬のデータである。紙数の都合により考察は少なくして、数字そのものに語ってもらった。「ひきこもり」が社会的認知を得て、やっと行政や公的機関が動き出してきた。これは筆者らが十五年ぐらい前から指摘し、実践的な活動を展開してきた問題でもあり、適切な治療プログラムにのれば8割以上の改善率が見込める[☆10]ことを付け加えておきたい。

（初出「こころの臨床アラカルト」[☆9]より）

3節　不登校・ひきこもりに自殺は多いか

不登校・ひきこもりと自殺との関連性を扱った信頼できる研究は寡聞にし

表4‐8　ひきこもりへの今後の取り組み（自由記載）

取り組み	保健所	精神保健福祉センター	計
連携・ネットワークを図る・強化する	164	15	179
治療相談体制（システム・マンパワー）の充実	165	13	178
家族教室・相談を開催する，家族支援の開発	147	26	173
デイケア・たまり場・セルフヘルプグループ・ピアカウンセリングの場の提供	104	27	131
ひきこもりへの知識・支援技術研修	120	9	129
情報提供・広報，啓蒙，実態把握	102	11	113
訪問相談・往診の実施	35	4	39
電話相談・インターネット相談を受ける	8	1	9

て知らない。なかには不登校・ひきこもりには自殺が少ないだろうという人もいるかもしれないが、それは以下のような理由によるだろう。

第一に、自殺願望が強い若者でも、不登校・ひきこもりにどっぷりつかるようになると、不快な刺激が提示されない限り、表面的には精神的安定を得られるようになる。

第二に、不登校・ひきこもりの若者の多くは「無気力」であって、自殺を決行するほどのエネルギーが不足している。

第三に、不登校・ひきこもりという行動化は、むしろ自殺しないための手段として選択されたと解釈できる場合がある。

しかし、筆者の臨床経験によると、それらの意見は正鵠を得ているとはいいがたい。筆者としては、むしろ「不登校・ひきこもりには自殺が多いので要注意」と警告を発したい。

そもそも、思春期青年期の問題行動――不登校、ひきこもり、いじめ、家庭内暴力、摂食障害、自殺、非行、薬物依存など――は、攻撃性の観点からとらえるとわかりやすい。☆11 筆者は攻撃性の異種・多種方向性とそれらの転換の図式を考えている（図4−4）。ひとつの軸として場面性（家のウチとソトを区別する）を、他の軸として対象性（他向と自向を区別する）を仮定すると、不登校・ひきこもりはウチ・自向の代表例であり、自殺はおおまかに自向に属する。つまり、攻撃性の精神病理学で位置づけると、不登校・ひきこもりは自殺に含まれるのである。その他に自殺に近縁の問題行動としては、摂食障害、いじめられ、薬物依存・シンナーなどがあげられる。

次に、筆者が関わった調査研究のデータから論拠を引いてみよう。

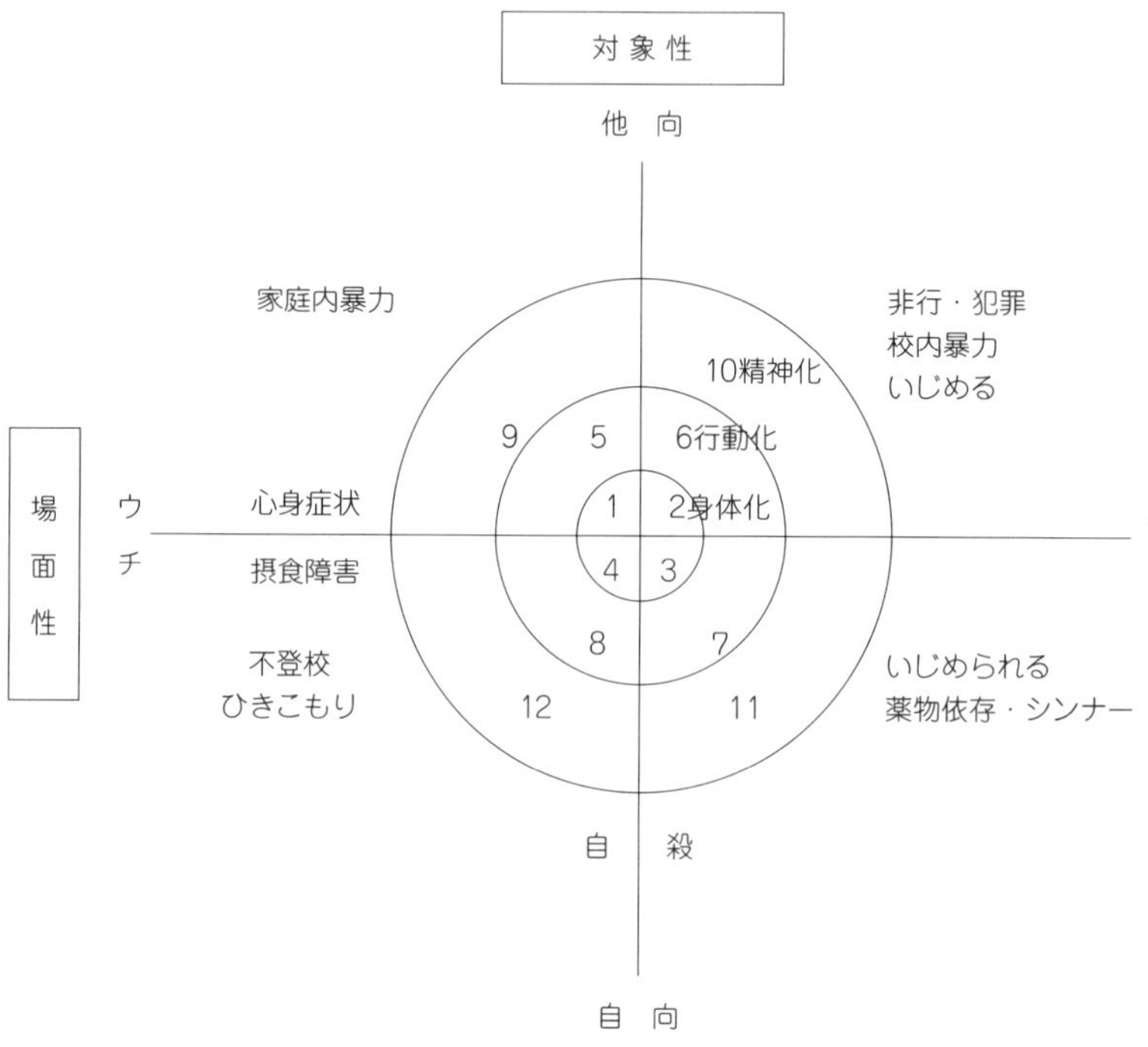

図4-4　思春期の攻撃性について

①「攻撃性」のひとつの方向性として，他向と自向を仮定する。他向と自向の境界線は「攻撃性」が向かう対象性（自己と他者）で区別する。
②思春期の場合，空間的な境界線，すなわち家のウチとソトという場面性が重要である。
③身体は，それらの接点，境界，窓口であり，身体症状（身体化）は世界との接触における不安・葛藤の現前である。しばしば身体症状を始源あるいは仲立ちとして「攻撃性」が表現されることがある。症状あるいは問題行動は，身体化→行動化→精神化と進むことが多い。そして，立ち直る時は逆の方向をたどりやすい。
④例えば，家庭内暴力は，世界との接触を家人によって強要された場合に，「攻撃性」が自己の気分や身体に向かわずに，家のウチという空間内に限定して出現したものである。いじめは基本的に家のソトで生起した事象であり，いじめるといじめられるは対象性の違いによって区別される。いじめるは校内暴力に，いじめられるは自殺に近縁といえる。
⑤「攻撃性」の方向（多種性と異種性）は，その人にすでに備わっている持ち味，その人の世界への構え，および世界からの働きかけによって選択される。
⑥しばしば，ある一定の順序性を持って「攻撃性」の方向の転換が行なわれることがある。「いじめられっ子」が「いじめっ子」に，あるいはその逆のパターンの転換があってもおかしくない。家庭内暴力は時に自己の崩壊（自殺）を防ぐ手段とみなせることがある。

筆者ら[☆12]は、子どもの情緒や行動の問題を評価するための国際的な質問紙の日本語版を作成した。公立の小5から中3までの三千人近い児童生徒への質問によると、「わざと自分を傷つけたり死のうとする」とした自傷ないしは自殺企図の陽性率は11・9%、「自殺しようと思うことがある」とした自殺念慮の陽性率は17・6%であった。それらと他の不登校を表す項目との相関係数は、「学校に行くのがこわい」とした学校恐怖がそれぞれ0・33／0・35、「授業や学校をさぼる」とした怠学が0・26／0・22と、中等度の相関を示した。また、「他人といるよりひとりでいたい」「絶対にしゃべらない」「人に打ち明けないで秘密にする」「内気だ」「あまり元気が出ない」「楽しくなく悲しく落ち込んでいる」「他人と関わらないようにしている」という項目で構成される「ひきこもり」尺度と、先の自傷・自殺企図、自殺念慮との相関係数はそれぞれ0・35／0・38と、同程度であった。つまり、不登校・ひきこもりが自殺と関連性があることは数値上からも明白なのである。

さらに、もっと直接的なデータを紹介しよう。厚生労働省の協力を得て社団法人・青少年健康センターが実施した全国の保健所・精神保健福祉センターへの調査[☆6☆9]によると、最近一年間のひきこもり相談件数六一五一件のうち二八一件（4・6%）に自殺関連行為が認められた。その内訳は、自傷行為一三六件、自殺未遂一四二件、自殺既遂七件であった。この結果をどうみるかは微妙なところであるが、少なくとも同年代の一般人口中の自殺よりは数倍から十数倍多いのではないだろうか。ただし、ここで「ひきこもり」とは、①六か月以上自宅にひきこもって社会参加しない状態が持続しており、②分裂病などの精神病ではないと考えられるもの、と定義した。

実際、思春期青年期の精神科臨床の第一線では、出会ったクライエントに自殺の危険性がないか、どうやって自殺を防ぐかがもっとも神経をとがらせる点である。いわゆる境界例ほどではないにせよ、不登校・ひきこもりの若者にも充分な注意の喚起が必要である。

（初出「現代のエスプリ別冊」[☆13]より）

あとがき

本書は子どもと若者のメンタルヘルスに関して私がこれまでに単独で専門雑誌や本に発表した論文やエッセイの類いを集めたものである。あらたに書き下ろしたものではないので、文体やタッチの不統一、内容的な重複、資料的価値の古さなどがあり、多少の読みづらさを残しているかもしれない。が、すべて私が細部にいたるまで心血を注ぎ、ほとんどが査読者の厳正な審査を経たオリジナルな文章である。だから、あえて細かいデータをいじらないでそのまま出すことにした。一部の研究者以外には人目を引かない地味な論文を、こうしたまとまった形で世に問うことができたことに思いがけない驚きと喜びを感じている。

第一章は、「最近の子どもの変化」と題して、思春期の子どものこころをみる視点、夫婦間の暴力が子どもに与える影響、子どもの自殺をめぐる最近の知見などについて、私見を述べた。どれもいくらでも熱くなれる分野であるが、つとめて中立、客観的で、臨床的な立場を崩さないように心がけた。

第二章は、1節「不登校の日米比較と類型化」と2節「学齢期の子どものメンタルヘルス」に大きく分かれる。前者は私の医学博士学位論文をもとにした論考と教師への実地適用であり、後者は私が国立精神神経センター精神保健研究所の児童思春期精神保健部に特別研究員として在籍していた時の仕事である。また、3節「不登校と家庭内暴力」はそれらの簡潔なまとめといえる。

第三章は、共通する要素がある「いじめ・校内暴力」についての総論と、悲劇的な結末を迎えることがある「いじめ」を子どもの様子から予測する確率モデル式の提案である。

第四章は、現在とくに注目を集めている「社会的ひきこもり」という現象について、どう考えたらいいか、その実態や公的機関の取り組みはどうなのか、自殺との関連はどうかなど、私自身の臨床経験や調査研究の結果から解説したものである。

本書が、子どもと若者のメンタルヘルスに関心があるすべての方々に、いくばくかの参考に供することができれば望外の幸せである。


ところで、子どものメンタルヘルスと言われ、私のイマジネーションに浮かぶのが、次の感動的な二つの映画である。いい映画はいつみてもいいものだ。思わず涙を誘われた。

ひとつはラディスラオ・バホダ監督の「汚れなき悪戯」(一九五五、スペイン)。スペインの田舎の修道院の前に棄てられた男の赤ちゃんを、修道士12人があたふたしながら育てる物語だ。6歳の子役パブリート・カルボが演じるマルセリーノの愛らしい演技もさることながら、遊び相手がいないマルセリーノが起こす大人を困らせる数々の悪戯や、マルセリーノを憎む村長のいじめに修道院全体が対抗することなど、いくつかの見所がある。が、圧巻は、修道院の二階の物置の奥に立てかけられた十字架に磔になった主イエスとの出会いだろう。修道士の目を盗んで何回かパンやワインなどを運んでいくうちに、マルセリーノはとりつかれたように主イエスに近づいていく。最期は、母親に会わせてくれることを約束されて、満ち足りたようなおだやかな微笑みを浮かべて天に召される。これを「奇跡」だとして村民が行列をなすのだ。

もうひとつはルネ・クレマン監督の「禁じられた遊び」(一九五二、フランス)。これは戦争の悲劇をもろに扱った物語だ。ナルシソ・イエペスのギター演奏がのっけから哀愁をそそる。映画は橋上で逃げまどう避難民へのドイツ軍戦闘機による爆撃で始まる。機銃掃射によって父母と子犬を傍らで失ったブリジッド・フォッセー演じる5歳の女の子ポーレットは、もう息がない子犬をずっと肌身離さず抱いている。父母の死の意味をとらえかねて涙して小川のほとりで立ちすくんでいるところに、ジョルジュ・プジュリ演じる11歳の男の子ミッシェルが通りかかり、農家に引き取られる。ミッシェルとポーレットはまるで兄と妹のように仲良くふるまい、子犬のお墓をつくったり、墓地や教会の十字架を盗んでは納屋に秘密の墓地をつくったりと、それこそ悪戯のやりたい放題である。それは父親や神父には決して教えないふたりだけの秘密であった。でも、突然の別れがやってきた。孤児院に引き取られる最後のシーンで、雑踏の中ひとりぼっちで泣き叫びながらミッシェルと母親を探し続けるポーレットの姿は、悲しみを通り超して、戦争という最大の罪を犯した人類に対する怒りを呼び覚まさずにはいられない。

二つの映画とも十字架を題材にとっている。私はキリスト教徒ではないので、信仰者の意識や生活の隅々まで浸透した十字架の意味を正しく語ることはできないが、真の十字架にふれることができるのは子どもたちだけではないかという気がしてならない。マルセリーノにとっては、十字架はいわば「汚れなき」遊びの相手であり、母のいる天国と地上をつなぐもの、生と死を連絡する通路であった。ポーレットとミッシェルにとっては、十字架は無益な争いばかりしている俗っぽいおとなたちをあざむき、幼いふたりの秘密結社を構成するための「聖なる」遊びであった。そこに、聖と俗、生と死さえ超越した子どもの遊びの本質的な意味が隠されているように感じるのだ。

　さて、子どもにとって本当に大切なものとは何だろうか？

　ひとつは、守り、育て、教え、導くもの。物質的な保証、精神的な充足と文化を伝えられる親、ないしはそれに替わるものの存在が必要だ。まず子どもは無条件に愛されるために生まれてきた。そうしてはじめて人を愛せるおとなに成長できるのだ。

　もうひとつは、いつもいっしょに遊べる友だちである。すてられ、放り出され、無視され、誰ともこころを通じ合わせられなくなった子どものこころがいかに蝕まれていくことか、想像に難くないだろう。「孤独」は子どもに一番似つかわしくないコトバなのだ。

　さらに最後のひとつは、邪気のない真剣な悪戯である。それはあらゆるものを超越している。なぜならそこに創造の源があるからだ。常識や社会通念という美名のもとでおとなたちがいつしかすり減らした子どもの遊び心こそが、じつは人々のこころの奥底に響き、歴史を動かす原動力になっていることを、この二つの映画は教えてくれる。無邪気な遊び、それが子どものお仕事、といえるだろう。

　それでは、世界の子どもと若者の健やかな成長と幸せを願いながら筆をおくことにする。

二〇〇三年五月

倉本　英彦

☆2　Kuramoto, H. 1993　Persistent social withdrawal in Japanese adolescents. *The first Asian conference of the sociology of mental health*, Makuhari, Chiba, P16.

☆3　Ishida, T. 1984　Conflict and Its Accommodation : Omote–Ura and Uchi–Soto Relations : In E. S. Krauss et al.（Eds）, *CONFLICT IN JAPAN*. University of Hawaii Press, Pp. 16–38.

☆4　Minkowski, E. 1968　Le Temps Vécu : Études phénoménologiques et psychopathologiques. Delachaux et Niestlé, Neuchâtel Suisse.　中江育夫・清水　誠・大橋博司（訳）　1973　生きられる時間1·2　みすず書房

☆5　倉本英彦・斎藤友紀雄（編）　1999　現代のエスプリ388—思春期挫折とその克服　至文堂　87-93.

☆6　倉本英彦（編）　2002　社会的ひきこもりへの援助—概念・実態・対応についての実証的研究　ほんの森出版

☆7　倉本英彦　1998「大人」の社会的ひきこもり　季刊　いのちの電話 **102**, 2–4.

☆8　倉本英彦　1994　社会的ひきこもり　現代のエスプリ329—出勤拒否　至文堂　112–117.

☆9　倉本英彦　2001　ひきこもりの現状と展望—全国の保健所・精神保健福祉センターへの調査から　こころの臨床アラカルト **20**, 231–235.

☆10　倉本英彦　2001（社）青少年健康センターにおける臨床的実践活動の内容と効果　国立オリンピック記念青少年総合センター研究紀要 創刊号, 45–54.

☆11　倉本英彦　1998　思春期青年期の問題行動と攻撃性の精神病理—対人的外傷体験と因果関連性の観点から　思春期青年期精神医学 **8**, 11–20.

☆12　倉本英彦・他　1999　Youth Self Report（YSR）日本語版の標準化の試み—YSR問題因子尺度を中心に　児童青年期精神医学とその近接領域 **40**, 329–344.

☆13　倉本英彦　2002　不登校・引きこもりと自殺　秋山聡平・斎藤友紀雄（編）　現代のエスプリ別冊—自殺問題Q＆A　至文堂　61–62.

☆65　稲村　博　1980　家庭内暴力 日本型親子関係の病理　新曜社
☆66　倉本英彦・斎藤友紀雄（編）　1999　現代のエスプリ388—思春期挫折とその克服　至文堂　80–86.

3章

☆1　総務庁（省）青少年対策本部　1999　平成十年度版青少年白書　大蔵省印刷局
☆2　倉本英彦　1998　いじめ「こころの健康百科」 弘文堂　Pp. 431–435
☆3　法務省法務総合研究所　1998　平成十年度版犯罪白書　大蔵省印刷局
☆4　江川玟成　1986　いじめから学ぶ　大日本図書
☆5　倉本英彦　1998　校内暴力　大森健一・他（編）　家庭·学校·職場·地域の精神保健　臨床精神医学講座18　中山書店　Pp. 163–174.
☆6　柿沼昌芳・永野恒雄 1997　校内暴力　戦後教育の検証 2　批評社
☆7　深谷和子　1996 「いじめ世界」の子どもたち—教室の深淵　金子書房
☆8　藤本哲也　1994　うちの子だから危ない　集英社
☆9　森田洋司・清永賢二　1994　いじめ 教室の病い　金子書房
☆10　倉本英彦　1996　いじめの予測について　日本公衆衛生雑誌 **43**, 824–834.
☆11　朝日新聞　1997年12月23日
☆12　倉本英彦・斎藤友紀雄（編）　1999　現代のエスプリ388—思春期挫折とその克服　至文堂　87–93.
☆13　江川玟成　1987　いじめ　山田通夫（編）　家庭と学校の精神衛生　精神科Mook18　金原出版　118–126.
☆14　斎藤浩子　1985　いじめっ子・いじめられっ子　藤原喜悦・高野清純・稲村　博（編）いじめっ子・いじめられっ子・校内暴力の診断と治療　学校教育相談実践シリーズ6　教育出版　Pp. 43–58.
☆15　詫摩武俊　1985　こんな子がいじめるこんな子がいじめられる　山手書房　Pp. 48–51.
☆16　小林　剛　1986　最近のいじめっ子・いじめられっ子の特徴　教育心理 **34**, 700–703.
☆17　西川光三　1985　いじめの早期発見・行動観察　教育心理 **10**, 915–917.
☆18　倉本英彦　1995　一般中学生の不登校等の問題行動と精神保健に関する疫学調査　日本公衆衛生雑誌 **42**, 31–43.
☆19　倉本英彦　1995　一般小学生の不登校等の問題行動と精神保健に関する疫学調査　一般中学生との比較より　日本公衆衛生雑誌 **42**, 930–941.
☆20　倉本英彦　1995　母親からみた子どものいじめ・いじめられと精神保健　学校保健研究 **37**, 240–250.
☆21　松浦雅人・他　1990　ラター質問紙を用いた小児の問題行動に関する調査　社会精神医学 **13**（2）, 124–132.
☆22　総務庁（省）青少年対策本部　1996　平成 7 年度版青少年白書　大蔵省印刷局　181.
☆23　岡野高明・他　1989　中学教師および親を対象とした登校拒否に関する意識調査　小児の精神と神経 **29**, 271–279.

4章

☆1　中森明夫　1983 「おたく」の研究①　街にはおたくがいっぱい　月刊漫画ブリッコ　1983年 6 月号　白夜書房

☆43　倉本英彦　1995　一般中学生の不登校等の問題行動と精神保健に関する疫学調査　日本公衆衛生雑誌 **42**, 31–43.

☆44　倉本英彦　1995　一般小学生の不登校等の問題行動と精神保健に関する疫学調査――一般中学生との比較より 日本公衆衛生雑誌 **42**, 930–941.

☆45　ICD–10（The ICD–10 Classification of Mental and Behavioral Disorders : Clinical descriptions and diagnostic guidelines）1992 World Health Organization. Geneva.

☆46　倉本英彦　1995　母親からみた子どものいじめ・いじめられと精神保健　学校保健研究 **37**, 240–250.

☆47　倉本英彦　1996　いじめの予測について　日本公衆衛生雑誌 **43**, 824–834.

☆48　Rutter, M., & Smith, D. J.（Eds）1995　*Psychosocial Disorders in Young People. Time Trends and Their Cause*, Chichester : John Wiley & Sons.

☆49　倉本英彦　1999　ラター親用質問用紙による子どもの情緒や行動の問題の発達的検討　子ども社会研究 **5**, 83–107.

☆50　倉本英彦　1995　思春期の攻撃的活動性について　臨床精神病理 **16**（1）, 86.

☆51　Berg, I., Nichols, K., & Pritchard, C. 1969　School phobia–its classification and relationship to dependency. *J. Child Psychol. Psychiat*, **10**, 123–141.

☆52　Berg, I. 1974　A self–administered dependency questionnaire（S. A. D. Q.）for use with the mothers of school children. *Brit. J. Psychiat*, **124**, 1–9.

☆53　新村秀一　1994　SPSS for Windows入門　丸善株式会社

☆54　Cronbach, L. J. 1951　Coefficient alpha and the internal structure of tests. *Psychometrika*, **16**（3）, 297–334.

☆55　野口裕二・他　1991　FES（家族環境尺度）日本版の開発―その信頼性と妥当性の検討　家族療法研究 **8**（2）, 147–158.

☆56　Khampalikit, S. 1983　The interrelationships between the asthmatic child's dependency behavior, his perceptions of his illness, and his mother's perception of his illness. *Matern. Child Nurs J.*, **12**（4）, 221–296.

☆57　Maccoby, E., & Masters, J. C. 1970　Attachment and dependency In P. H. Mussen（ed）, *Carmichael's manual of child psychology*, New York.

☆58　Ikemi, Y., & Ikemi, A. 1982　Some psychosomatic disorders in Japan in a cultural perspective. *Psychother, Psychosom*, **38**, 231–238.

☆59　Stores, G., & Piran, N. 1978　Dependency of different types in schoolchildren with epilepsy. *Psychological Medicine*, **8**, 441–445.

☆60　Last, C. G., & Strauss, C. C. 1990　School refusal in anxiety–disordered children and adolescents. *Journal of the American Academy of Child and Adolescent Psychiatry*, **29**（1）, 31–35.

☆61　倉本英彦　1998　思春期青年期の問題行動と攻撃性の精神病理　対人的外傷体験と因果関連性の観点から　思春期青年精神医学 **8**（1）, 11–20.

☆62　倉本英彦　1993　学校中退後の家庭の対応　稲村　博・今井五郎・小泉英二・他（編）登校拒否のすべて　第一部理論編　第一法規出版

☆63　倉本英彦　1994　社会的ひきこもり　現代のエスプリ329―出勤拒否　至文堂　112–117.

☆64　倉本英彦　1998　夫婦間の暴力は子どもに何をもたらすか　児童心理 6, No. 697.　金子書房　101–105.

紀（訳） 1981 乳幼児の心理的誕生―母子共生と個体化 黎明書房
☆20 Masterson, J. F. et al. 1980 *From borderline adolescent to functioning adult : The test of time.* New York : Brunner Mazel. 作田 勉・他（訳） 1982 青年期境界例の精神療法 星和書店
☆21 土居健郎 1971 甘えの構造 弘文堂
☆22 中根千枝 1967 タテ社会の人間関係 講談社
☆23 作田啓一 1967 恥の文化再考 筑摩書房
☆24 Benedict, R. 1954 *The Chrysanthemum and the Sword*. Tokyo : C. E. Tuttle Co. 長谷川松治（訳） 1972 菊と刀―日本文化の型 社会思想社
☆25 井上忠司 1977 世間体の構造 社会心理史への試み NHKブックス
☆26 木村 敏 1972 人と人との間―精神病理学的日本論 弘文堂
☆27 倉本英彦 1994 諸外国における登校拒否 アメリカ 登校拒否のすべて 第一部理論編 第一法規出版
☆28 倉本英彦・稲村 博・中久喜雅文・Barrett, S. 1993 不登校の類型化の一試み（第一報）―日米の事例比較より 日本社会精神医学会雑誌 **2**, 49–60.
☆29 高木廣文・佐伯圭一郎・中井里史 1989 HALBAUによるデータ解析入門 現代数学社
☆30 文部（科学）省 1994 理由別長欠児童・生徒数 学校基本調査報告書 大蔵省印刷局
☆31 総務庁（省）青少年対策本部 1994 平成5年度版青少年白書 大蔵省印刷局 235–237.
☆32 古谷野亘・長田久雄 1992 実証研究の手引き （株）ワールドプランニング Pp. 47–51.
☆33 Cohen, J. 1960 A Coefficient of Agreement for Nominal Scales, *Educ. Psychol. Meas*. **20**, 37–46.
☆34 文部（科学）省初等中等教育局 1992 学校不適応対策調査研究協力者会議報告：登校拒否（不登校）問題について―児童生徒の「心の居場所」づくりを目指して 登校拒否のすべて 第二部事例編 2－8－1 第一法規出版
☆35 倉本英彦 1994 不登校の理由の教師による評価 学校保健研究 **36**(8), 620–631.
☆36 Rutter, M. 1988 Epidemiological Approaches to Developmental Psychopathology. *Archives of General Psychiatry*, **45**, 485–495.
☆37 Rutter, M. 1967 A Children's Behaviour Questionnaire for Completion by Teachers: Preliminary Findings. *Journal of Child Psychology and Psychiatry and Allied Disciplines*, **8**, 1–11.
☆38 松浦雅人・他 1990 ラター質問紙を用いた小児の問題行動に関する調査 社会精神医学 **13**（2), 124–132.
☆39 Rutter, M. 1965 Classification and Categorization in Child Psychiatry. *Journal of Child Psychology and Psychiatry and Allied Disciplines*, **6**, 71–83.
☆40 倉本英彦 1996 日本版自記式依存質問紙（修正SADQ）の標準化 小児の精神と神経 **36**（2), 147–161.
☆41 Rutter, M., Tizard, J., & Whitmore, K. 1970 *Education, Health and Behaviour,* London : Longmans.
☆42 倉本英彦・稲村 博・中久喜雅文・Barrett, S. 1995 不登校の類型化の試み（第二報）―事例呈示と比較文化精神医学的考察 日本社会精神医学会雑誌 **3**, 130–141.

障害　日本評論社　Pp. 235–248.

2章

☆1　Silverman, W. K. et al. 1991　The nature and treatment of childhood anxiety. *Educational Psychology Review*, **3**（4）, 335–361.

☆2　Last, C. G. et al. 1990　School refusal in anxiety–disordered children and adolescents. *Journal of the American Academy of Child and Adolescent Psychiatry*, **29**（1）, 31–35.

☆3　Young, J. G. et al. 1990　Strategies for research on school refusal and related nonattendance at school. In C. Chiland & J. G. Young（Eds）, *Why Children Reject School*. New Haven and London : Yale University Press.

☆4　Taylor,L. et al. 1990　School avoidance behavior : Motivational bases and implications for intervention. *Child Psychiatry and Human Development*, **20**（4）, 219–233.

☆5　Broadwin, I. T. 1932　A contribution to the study of truancy. *American Journal of Orthopsychiatry*, **2**, 253–254.

☆6　Johnson, A. M. et al. 1941　School Phobia. *American Journal of Orthopsychiatry*, **11**, 707–711.

☆7　Estes, H. R. et al. 1956　Separation anxiety. *American Journal of Psychotherapy*, **10**, 682–695.

☆8　Leventhal, T. et al. 1964　Self–image in school phobia. *American Journal of Orthopsychiatry*, **37**, 64–70.

☆9　Hersov, L.　1990　School Refusal : An Overview. In C. Chiland & J. G. Young（Eds）, *Why Children Reject School. Views from seven countries*. New Haven and London : Yale University Press, Pp. 16–41.

☆10　Millar, T. P. 1961　The child who refuses to attend school. *American Journal of Orthopsychiatry*, **48**, 398–404.

☆11　Skynner, A. C. R. 1974　School phobia : A reappraisal. *British Journal of Medical Psychology*, **47**, 1–16.

☆12　Davidson, S. 1960　School phobia as a manifestation of family disturbance : Its structure and treatment. *Journal of Child Psychology and Psychiatry*, **1**, 270–287.

☆13　Waldfogel, S. et al. 1957　The development,meaning and management of school phobia. *American Journal of Orthopsychiatry*, **27**, 754–780.

☆14　Agras, S. 1959　The relationship of school phobia to childhood depression. *American Journal of Psychiatry*, **116**, 533–536.

☆15　Eysenck, H. J. et al. 1965　The causes and cure of neurosis. London : Routledge and Kegan Paul.

☆16　Atkinson, L. et al. 1985　School Refusal : The heterogeneity of a concept. *American Journal of Orthopsychiatry*, **55**, 83–101.

☆17　Takeuchi, M., & Kajiwara, Y. 1988　Child–rearing and development : Comparisons between Japanese and Americans. Based upon the psychological–anthropological perspectives. ERIC, ED. 305 148（MF）

☆18　Erikson, E. H. 1950　*Childhood and society*. New York : Norton.　仁科弥生（訳）　1977　幼児期と社会　みすず書房

☆19　Mahler, M. S., Pine. F., & Bergman, A. 1975　*The psychological birth of the human infant: Symbiosis and Individualization*. London : Hutchinson and Co.　高橋雅士・織田正美・浜畑

文献

1章

☆1　河合隼雄　2000　「子どもの目」からの発想　講談社

☆2　倉本英彦　1996　いじめの予測について　日本公衆衛生雑誌 **43**（9），824–834.

☆3　倉本英彦・他　1999　Youth Self Report（YSR）日本語版の標準化の試み―YSR問題因子尺度を中心に　児童青年期精神医学とその近接領域 **40**，329–344.

☆4　Rutter, M., & Smith, D. J. 1995　*Psychosocial Disorders in Young People*, Chichester : John Wiley & Sons.

☆5　倉本英彦　1994　不登校の理由の教師による評価　学校保健研究 **36**（8), 620–631.

☆6　倉本英彦　1994　諸外国における登校拒否 アメリカ　登校拒否のすべて 第一部理論編　第一法規出版

☆7　コクトー，J.／鈴木力衛（訳）　1957　恐るべき子供たち　岩波書店

☆8　倉本英彦・斎藤友紀雄（編）　1999　現代のエスプリ388―思春期挫折とその克服　至文堂

☆9　倉本英彦　2000　いま思春期の子どもたちのこころに何が起こっているか　児童心理 No. 743. 金子書房　86–95.

☆10　池田由子　1995　児童虐待―ゆがんだ親子関係（新書版）　中央公論新社

☆11　朝日新聞　1998年 3 月 7 日

☆12　Robertson, N. R., & Busch, R. 1994　Not in front of the children : Spousal violence and its effects on children. *Butterworths Family Law Journal*, Pp. 107–115.

☆13　倉本英彦　1998　思春期青年期の問題行動と攻撃性の精神病理―対人的外傷体験と因果関連性の観点から　思春期青年期精神医学 **8**（1），11–20.

☆14　ヌーバー，U.／丘沢静也（訳）　1997　「傷つきやすい子ども」という神話　トラウマを超えて　岩波書店

☆15　倉本英彦　1998　夫婦間の暴力は子どもに何をもたらすか　児童心理 No. 697.　金子書房　101–105.

☆16　アリエス，P.／杉山光信・杉山恵美子（訳）　1980　「子供」の誕生　みすず書房

☆17　デュルケーム，E.／宮島　喬（訳）　1985　自殺論（文庫版）　中央公論新社

☆18　高橋祥友　1999　青少年のための自殺予防マニュアル　金剛出版

☆19　シェイクスピア，W.／平井正穂（訳）　1988　ロミオとジュリエット　岩波書店

☆20　稲村　博　1978　子どもの自殺　東京大学出版会

☆21　フェッファー，C. R.／高橋祥友（訳）　1990　死に急ぐ子供たち　中央洋書出版部

☆22　橋本　治　1998　いじめと自殺の予防教育　明治図書

☆23　倉本英彦　2002　子どもの自殺をめぐって　河合　洋・山登敏之（編）　子どもの精神

刊行にあたって

日本子ども社会学会は1994年６月に発足し，10年目に入った若い学会である。子どもの側に立って「子ども」と「子ども社会」の問題を研究するのが目的で，会員は教育学，教育社会学，発達心理学，臨床心理学，児童精神医学，児童福祉学，児童文学など，多様な領域の専門家から構成されている。会員の中には，大学に籍を置く研究者はむろん，小中学校や幼稚園，福祉施設などで，日常的に子どもと接している人びとも多い。

その後，研究大会の開催や学会紀要の刊行などを中心に，学会活動を展開し，学会のメンバーも順調な増加を示している。学会発足時の性格を反映して，本学会の研究は，子どもの問題を実証的にとらえ，子どもの視点で対応を考えるという問題解決的な色彩が強いことを特色としている。

学会のそうした研究成果の一端は，1999年に『いま，子ども社会に何がおこっているか』（北大路書房）として刊行することができた。

学会の研究成果の刊行は，専門分野に関連した事典やハンドブックの形が一般的だ。専門家の協力を得やすいし，専門的なレベルも保てるので，こうした企画は学会の性格に適していると思われる。

しかし，今日，あらゆる学問領域で専門分野の細分化が進み，細分化された諸領域での研究が深まる反面，そうした諸研究の総合化がなおざりになっている。あるいは，隣接する領域の動向が視野からはずれる傾向も生じている。

それだけに，細分化の成果を踏まえつつ，総合的視点も持った，骨組みのしっかりとした研究の必要性が感じられる。そこで，子どもと子ども社会研究の成果を書き下ろす「単著シリーズ」の刊行を企画した。

研究者歴が長くなると，雑用が増し，初心を忘れがちになる。それぞれの筆者に，長い研究者歴の中で生み出してきた知見をまとめてほしいと思った。それが，「日本子ども社会学会セレクション」である。今回は４冊と限られているが，今後，第２期企画を検討したいと考えている。

さいわい，前著に続き，北大路書房のご協力を得ることができた。出版事情の厳しい現在，企画に賛同していただいた北大路書房に感謝しているとともに，本学会のいっそうの発展を願っている。

2003年５月５日　子どもの日に

日本子ども社会学会会長

深谷　昌志

倉本英彦（くらもと・ひでひこ）
1959年　茨城県に生まれる
1992年　筑波大学大学院博士課程医学研究科修了（医学博士）
国立精神神経センター精神保健研究所特別研究員を経て，
現　在　医療法人北の丸会理事長・北の丸クリニック所長，社団法人青少年健康センター常任理事

主著・論文　海外不適応への対応　『心と社会』No.65，101–107　1991年
諸外国における登校拒否アメリカ　『登校拒否のすべて』　第一法規出版　1994年所収
校内暴力　臨床精神医学講座18『家庭・学校・職場・地域の精神保健』中山書店　1998年所収
思春期青年期の問題行動と攻撃性の精神病理―対人的外傷体験と因果関連性の観点から―　『思春期青年期精神医学』 8 (1), 11–20　1998年
思春期挫折とその克服　『現代のエスプリ』388（共編著）至文堂　1999年
Youth Self Report（YSR）日本語版の標準化の試み―YSR問題尺度を中心に―　『児童青年精神医学とその近接領域』40(4), 329–344　1999年
（社）青少年健康センターにおける臨床的実践活動の内容と効果　『国立オリンピック記念青少年総合センター研究紀要』創刊号，45-54　2001年
社会的ひきこもりへの援助―概念・実態・対応についての実証的研究―（編著）ほんの森出版　2002年
子どもの自殺をめぐって　『子どもの精神障害』　日本評論社　2002年所収
いじめ　『こころの病気を知る事典』　弘文堂　2003年所収

日本子ども社会学会セレクション

思春期のメンタルヘルス

2003年 6 月10日　初版第 1 刷印刷
2003年 6 月20日　初版第 1 刷発行

著　　者　倉本英彦
発 行 者　小森公明
発 行 所　㈱北大路書房

Printed in Japan.　ISBN4-7628-2322-8
印刷・製本／㈱シナノ

〒603-8303　京都市北区紫野十二坊町12-8
電話（075）431-0361㈹
FAX（075）431-9393
振替　01050-4-2083

定価はカバーに表示してあります。
検印省略

落丁・乱丁本はお取り替えいたします